Sociedad Grabada

David Lavilla Muñoz

Sociedad Grabada

La comunicación y el riesgo tecnológico

Berlin · Bruxelles · Chennai · Lausanne · New York · Oxford

Información bibliográfica publicada por la Deutsche Nationalbibliothek
La Deutsche Nationalbibliothek recoge esta publicación en la Deutsche
Nationalbibliografie; los datos bibliográficos detallados están disponibles en Internet en
http://dnb.d-nb.de.

Library of Congress Control Number: 2025000631

ISBN 978-3-631-92070-1 (Print)
ISBN 978-3-631-92071-8 (E-PDF)
ISBN 978-3-631-92072-5 (E-PUB)
DOI 10.3726/b21928

© 2025 Peter Lang Group AG, Lausanne (Suiza)
Publicado por Peter Lang GmbH, Berlin, (Alemania)

info@peterlang.com

Todos los derechos reservados.

Esta publicación no puede ser reproducida, ni en todo ni en parte, ni registrada o transmitida por un sistema de recuperación de información, en ninguna forma ni por ningún medio, sea mecánico, fotoquímico, electrónico, magnético, electroóptico, por fotocopia, o cualquier otro, sin el permiso previo por escrito de la editorial.

www.peterlang.com

Esta publicación ha sido revisada por pares.

Índice

Prólogo 7

Agradecimientos 11

Prefacio 15

Parte Primera. Lo Social

Capítulo 1   Ecosistema de la grabación 23

Capítulo 2   Sociedad y tecnología 39

Capítulo 3   Prosumer 51

Parte Segunda. Lo Tecnológico

Capítulo 4   Redes Sociales 67

Capítulo 5   Gamificación e inmersión 79

Capítulo 6   Inteligencia Artificial 99

Parte Tercera. Lo Falaz

Capítulo 7   Riesgo fake 115

Bibliografía 127

Índice de ilustraciones 139

Prólogo

El momento que vivimos merece una pausada y cuidadosa reflexión. Se precisa de un amplio paréntesis para asimilar convenientemente todos los avances tecnológicos a los que estamos sometidos. Son adelantos que pueden ayudarnos a mejorar como especie, como humanos. Pero la sociedad parece que no tiene tiempo para pensar en lo que realmente está aconteciendo y ni en cómo se van a incorporar al día a día del individuo todos estos progresos. Al menos de la forma en la que debería realizarse. Porque internet, las redes sociales y ahora la inteligencia artificial han modificado, de una forma u otra, la manera en la que actualmente nos comunicamos, y hemos pasado de establecer conexiones que antes requerían de un largo periodo de tiempo de pausa y dilación, a realizarlas de forma inmediata e instantánea.

Con la llegada del *smartphone*, contestar a un email se ha convertido en una tarea urgente, veloz; y replicar un *post* en una de las múltiples redes sociales a las que estamos suscritos es solo una actividad más añadida a esa larga lista de quehaceres diarios. Escuchamos las notas de voz en nuestro *WhatsApp* incluso a doble velocidad para llegar a tiempo y tratar de no defraudar al otro interlocutor, aunque sin darnos cuenta de que con esta acción distorsionamos la palabra de nuestros propios seres queridos. Les despojamos de parte de su identidad para poder atenderles mejor, pero sin ser realmente conscientes de que, en la mayoría de los casos, una contestación precipitada puede llevarnos a vivir una situación más compleja, o al menos no todo lo beneficiosa que podría llegar a ser.

PRÓLOGO

La filosofía de la vida de las personas se ha transformado. Sus prioridades han cambiado. Y en este momento en el que nos encontramos, el fin último no sería llegar a la meta en las mejores condiciones posibles, sino hacerlo en primera posición o, cuando menos, lo más rápido posible porque así, siendo veloces, podríamos salvarnos de algo que supuestamente pudiera estar por llegar. Y de ahí que la preocupación ha pasado a ser uno de los contratiempos más apremiantes a los que debería atender el ser humano. Una preocupación que se ve acrecentada por el uso tecnológico y por la cantidad de material que existe en la nube. Porque todo lo que se graba, permanece en un limbo de datos que se pueden rescatar, y aquello que se ha subido a internet sirve, para bien o para mal, como evidencia para un día ser rescatada. Pero el problema no solo es que esa información esté ahí para ser recuperada en cualquier momento, sino que su uso se potencia por la accesibilidad a la que están expuestos los datos ya que, muchos de ellos, permanecen a la vista de todos los usuarios de la red para ser reproducidos, incluso por personas a las que no conocemos y no sabemos qué pueden llegar a hacer con todo ese contenido.

Siempre se ha vivido al amparo de la tecnología, eso es cierto, pero la rapidez a la que circulan los mensajes se ha multiplicado y la accesibilidad al material grabado es instantánea, por lo que en tan solo un instante la reputación personal o empresarial pueden ser susceptibles de verse envueltas en una acción que difícilmente tenga marcha atrás. Por lo tanto, personal y empresarialmente, si los materiales grabados y subidos a la red no son previamente meditados y valorados o, simplemente, en un fugaz descuido, esa evidencia toma un camino diferente al deseado, las consecuencias podrían ser devastadoras para la persona o para la institución que graba.

Del mismo modo, el mundo de la información y del periodismo, como no podía ser de otra forma, también está sujeto a todos estos obstáculos y dificultades por doble motivo. En primer lugar, por la necesidad que se ha creado en el consumidor a la hora de estar informado al instante de todo aquello que está sucediendo sin tener en cuenta que, para elaborar un buen producto informativo, se necesita tiempo para poder contrastar, verificar y elaborar un trabajo serio, riguroso y digno de ser difundido entre la audiencia. Y, en segundo lugar, el problema que puede acarrear todo este proceso de inmediatez a la empresa informativa tampoco es baladí. Porque la propia industria tiene que adaptarse a todas estas exigencias y puede que no esté capacitada en este momento para poder atenderlas o, peor, que incluso estándolo, una gestión de la información basada en la velocidad tiene todas las papeletas para que la toma de decisiones no sea la adecuada y que se pierda en el olvido, en solo un instante, toda la credibilidad que durante años se ha estado forjando el medio.

No obstante, ciertamente hay grandes ventajas gracias a la introducción de las plataformas multimedia en nuestras vidas, a las de cada persona con sus particularidades y necesidades específicas, pero no se están aprovechando convenientemente; sobre todo por la fugacidad con la que se atiende a cada una de las tareas, y por el escaso nivel de profundidad con el que se tratan. Por este motivo, el consumo rápido e instantáneo al que está sometido el sistema debe ser estudiado de forma detenida y sosegada para conocer todos los contratiempos a los que pueda estar sujeto, y así llegar a poder generar un consumo responsable de todo el entorno tecnológico.

Esta obra aborda todo eso, y no es solo una pausa más para el café. Se trata de un manifiesto crítico, sosegado y reflexivo. Es un llamamiento a la cordura. Una gran oportunidad para conocer qué es lo que está sucediendo en nuestro tiempo líquido, como diría Bauman, y los efectos que están produciendo en la sociedad todos estos avances. Es un trabajo de investigación que nos puede hacer reflexionar seriamente si estamos ejerciendo un uso responsable del contenido al que estamos expuestos. Y una llamada de atención a las nuevas generaciones y a sus padres porque, sin pretenderlo, puede que estén convirtiendo a sus hijos en víctimas del exceso. O de la celeridad.

Paola Nieto García.
Doctora en Comunicación.

Agradecimientos

Con este trabajo quiero agradecer a todas las universidades, y a todos los medios de comunicación en los que he trabajado, la oportunidad que me han brindado a la hora de poder adquirir el conocimiento necesario para abordar este proyecto, que está realizado desde un punto de vista estrictamente académico, pero sin dejar de lado el mundo profesional. Más aun teniendo en cuenta que, hoy en día, ambos espacios deben estar más unidos que nunca, a fin de generar conjuntamente cambios sociales profundos, racionales, duraderos y positivos.

También me gustaría mostrar mi más honda gratitud a todos los compañeros con los que he compartido tiempo y espacio de reflexión, porque me han permitido ampliar mi horizonte y me han ayudado a observar la realidad de este estudio desde diferentes puntos de vista.

Además, es mi deseo manifestar mi más sincero agradecimiento a todos mis alumnos, tanto de grado como de posgrado, por ayudarme a mejorar como persona y como profesional.

Del mismo modo, agradezco, de forma muy especial, a todas las personas que han realizado su tesis doctoral conmigo, porque me han ayudado a explorar nuevos caminos en mi investigación y me han traído hasta aquí con este nuevo trabajo.

Dejo para el final a lo mejor de mi vida, mi familia. Porque en buena medida soy lo que me han ido regalando por el camino. A todos ellos, gracias infinitas. Especialmente a mis padres y a mis hijos por darme espacio, por compartir conmigo cada momento, por saber entender que me gusta vivir la vida intensamente y sin opulencia, por valorar mis opiniones, por respetar mis creencias y por entender que mi entorno de trabajo es uno de mis grandes estímulos para seguir caminando.

Pero, sobre todo, gracias a Dios. Por guiarme en cualquier cosa que emprendo. Y por poder sentirle cada día mucho más cerca.

A mis padres. A mis hijos. Y a Dios.

Prefacio

Cuenta C.S. Lewis (2021) en su obra *Cartas del Diablo a su sobrino* que un viejo diablo le recomendó a su pupilo -demonio en periodo de formación- que la persona a la que tuviera que tentar debería hacerle pensar más en el pasado o en el futuro que en el presente, porque si conseguía alejarlo del aquí y del ahora estaría muy preocupado por todo lo que debería hacer y también andaría mucho más triste por lo que dejó de realizar en su momento. Porque, según C. S. Lewis, el presente es el verdadero aliado de Dios. No en vano es el único tiempo que se relaciona con la eternidad; y el momento propicio para que el hombre pueda construir la mejor versión de sí mismo. Y este es el asunto. ¿Hay que ilusionarse con el mañana o arrepentirse del ayer? ¿Se debe vivir el presente o tan solo aparentar hacerlo? ¿Grabamos o existimos?

Tanto lo que ya se ha grabado como lo que se va a grabar pretende apartar al ser humano de lo que realmente sucede. Porque la grabación le distancia del momento presente, que es el que realmente le conecta con la realidad. Le separa de ella y le aleja de sí mismo y de su entorno. Le desconecta. Le descompone el cuerpo en *bites*, le difumina su verdadera esencia y le arrebata de su identidad. Le confunde y le reprime de esa gran satisfacción que es la de reconocerse en su propio ser para deleitarse con la esencia del alma que lo habita. Le desprovee del cuerpo, le aturde la mente. Y le deja a merced.

Porque la sociedad que graba solo se limita a reconocer y a estudiar evidencias anteriores y a esculpir nuevas certidumbres sin tener en cuenta el momento, el instante. El aquí y el ahora. Y le condena a vivir grabando lo que debería contemplar. Lo hace de manera huidiza y tímida, detrás de un objeto.

PREFACIO

Al otro lado de una cámara, de un teléfono, de unas gafas, de una tablet, de una televisión o de un ordenador, que son objetos que le escudan y le limitan su plena percepción creando filtros, emulando sonidos o recreando olores y sabores sintéticos para rememorar el mundo físico, el que tiene delante de sí y detrás del aparato con el que graba.

Para conseguir demostrar todo este propósito, esta obra se ha sustentado literariamente a partir de diversas fuentes -grabaciones- que van desde el ensayo académico hasta la narrativa fílmica y multimedia, no sin dejar paso al mundo del arte, a la poesía, a la novela y a los diferentes géneros periodísticos. Y toda vez que se han verificado y contrastado todas estas fuentes, se ha procedido a estructurar la obra, dividiéndola en tres grandes apartados para dar una explicación veraz al estado actual de la sociedad de la grabación. Pero sin olvidar los momentos previos a la digitalización porque, como una cosa lleva a la otra, y como cada acontecimiento tiene una repercusión, conviene saber de dónde se proviene para conocer mejor el presente y crear el preludio de hacia dónde la sociedad se puede dirigir.

Lo social, lo tecnológico y lo falaz es la trilogía que estructura el texto con el objetivo de ofrecer una explicación precisa, o cuando menos argumentada, de lo que ha traído hasta aquí al humano, de lo que está viviendo y de lo que le puede acontecer si reniega de su esencia. Es decir, si se aparta de todo aquello que proviene del mundo natural y se entrega definitivamente a ese escenario sintético que está generando: el mundo virtual.

La primera parte de la obra, lo social, se adentra en la exposición del contexto en el que se fundamenta la tesis del trabajo y, a partir de la explicación de diferentes conceptos, tales como la sociedad del rendimiento, la sociedad del cansancio o la sociedad de la transparencia, entre otros, intenta explicar que el ecosistema del que parte el hecho de grabar ha traído al ser humano hasta aquí y a apostar por su actual modo de vida. Ése en el que trata de aparentar ser el centro, aunque simplemente solo sea un fin para adaptarse a un nuevo medio, a un nuevo entrono, en el que la tecnología le provea de todo aquello que aparentemente estima como necesario para poder sobrevivir. Y es justo en este apartado donde se va a observar cómo el individuo ha cedido su independencia al mundo digital; y ha pasado de ser libre, a comportarse como un esclavo de sus propias creaciones virtuales.

Todo lo que crea y construye se puede medir, tiene un rendimiento; y ese supuesto beneficio le puede afectar de forma muy directa y profunda a su propia esencia. Y conducirle al desaliento. Al cansancio. A un agotamiento extremo, a una extenuación, generada por él mismo, para satisfacer su gran obsesión: la de ser altamente productivo. Al menos sintéticamente. Y ese agotamiento, que le viene del juicio público constante al que está sometido por su afán de ser productivo, le hace ser transparente. Porque todo lo que realiza está a vista de todos. Su red social ha pasado de ser una comunidad a ser una globalidad. La visibilidad de sus errores y de sus aciertos, que aparentemente no deberían tener demasiada transcendencia, ahora son evaluados por todos. Por cualquiera. Da igual el origen, la afiliación o la implicación emocional con el participante, cualquier persona le puede valorar y hasta catalogar. Se trata de un juicio público permanente, pero elevado a la estratosfera. Porque cualquier persona con conexión a la red tiene la posibilidad de emitir un veredicto sobre sus acciones, sobre sus obras e incluso sobre sus pensamientos.

La segunda parte del libro se refiere a lo tecnológico, a lo estrictamente virtual. A las herramientas de las que dispone y que previamente ha elaborado, rediseñado y mejorado para someterse a una evaluación constante y permanente por parte de los demás usuarios y de sí mismo. Las redes sociales, por ejemplo, están generando serios problemas a la hora de reconocer el rendimiento real de una persona. Porque, si no se publica, no hay evidencia ante los seguidores de que se ha estado en un lugar y, a juicio de todos, eso que no se ha documentado podría ser puesto en duda o, peor, no haber existido nunca. Hechos tan cotidianos como hacer deporte, comer, viajar, darse un baño de sol y de sal, salir a dar un paseo, limpiar la casa o ver la televisión en el sofá, se han trivializado hasta tal punto que resulta extraño no observar material grabado en los perfiles con ese tipo de contenido.

Pero la pregunta es: ¿alguien puede disfrutar del momento sin tener a mano la herramienta que constate lo que se está haciendo en cada momento? Un estudio de la consultora *Rise Above Research* (2023), especializada en la industria fotográfica, ha revelado que se podrían haber realizado en torno a los 1,6 billones de fotos en tan solo un año. Pero de la misma forma que se hacen, se almacenan. Y la compañía estima que hay más de 10 billones de instantáneas que se pierden en el olvido. De hecho, el usuario, probablemente, no sea del todo consciente de que ese material abandonado, aún está a expensas ser rescatado para poder dar fe de lo que se dejó de hacer al no estar *Al otro lado del mar* (Cerritos, 2017).

En las redes sociales sucede que el algoritmo trae al perfil del usuario grabaciones de imágenes, videos o textos que una vez realizó y de los que carece de recuerdo, pero, por contra, sí existe constancia del hecho en sí. Además, cuando se vuelve a observar el *post*, la persona no sabe en qué momento decidió realizar esa publicación de la que incluso pudiera avergonzarse, o al menos tener cierto recato o rechazo, por el momento en el que la expuso a todos sus seguidores. O quizá todo lo contrario, puede activar el cerebro y llevarle de regreso hacia un pasado en el que se sintió dichoso, pero al que nunca ya podrá regresar. Y es entonces cuando le sobreviene esa nostalgia, ese pensamiento romántico de que "cualquier tiempo pasado fue mejor", que le conduce a ignorar el presente y a dar valor a su actual situación. Porque detenerse en el ahora no se trata de un acto conformista, no; sino de darse un baño de realidad, esa que le ha tocado vivir a cada uno, para apurarla y extraer de cada momento un aprendizaje, y no una mera instantánea a la que poder revisar en un futuro incierto lleno de contradicciones.

El *engagement*, la conexión emocional estrecha entre plataforma y usuario, en las redes sociales proviene del recuerdo y del anhelo. De dar importancia al pasado y al futuro desatendiendo el presente por culpa de la *gamificación*, la inmersión de los contenidos y la Inteligencia Artificial. Y es que todos estos elementos generan un cóctel explosivo para acelerar la dopamina con el objetivo de que el individuo se quede a vivir en el mundo virtual desatendiendo lo más inmediato, lo que demanda el "ahora" y lo que se experimenta en el "ya". Y unido a todo ello está el algoritmo, que condiciona el tiempo de uso de la tecnología y requiere que el prosumidor esté constantemente publicando; y si es en formato audiovisual tanto mejor, para que todo pueda perderse en el olvido, y hundirse en el mar del contenido, justo como lo hace el viejo carguero que va a la deriva en plena tempestad.

La entropía informativa -un océano hecho de *bits*- en el mundo de la red sobrepasa los límites de la razón por la cantidad de grabaciones diarias que realiza un ser humano altamente motivado por ofrecer un legado de perdurabilidad entre una montaña de desechos. No obstante, eso sí, también algunas ciencias del comportamiento observan la basura que puede generar un individuo para poder saber algo más sobre él. Porque también en el caos del desecho humano puede estar el entendimiento del orden social. Gonzalo Abril (1997, pág. 19) en su obra *Teoría general de la información*, para explicar este concepto de entropía, expone el ejemplo de una baraja. Cuanto más colocada está al repartirla, mayor predictibilidad. Y en este caso sucede un poco lo mismo. La gamificación a la que está sujeta la baraja de las publicaciones en redes se basa en una aleatoriedad determinada y no es una contradicción. Muchos hacedores de contenido virtual de menor calado se suelen quejar de lo impredecible que es jugar al juego de la grabación. No obstante, sí que tienen claro que deben publicar. Al menos sienten ese impulso para, por lo menos, no ser penalizados y obtener algo de visibilidad. Es como estar dentro de una prisión y conocer ciertamente las horas a las que hay que levantarse, comer, salir al patio, hacer algo de ejercicio, cenar y volver cada uno a su celda; pero realmente todos ellos carecen de la libertad de poder hacer las cosas cuando ellos mismos estimen. Porque están reducidos a unas pautas estrictas, pero no saben cuándo van a tener compensación. Y eso justamente les tiene al tanto. Les seduce. Les atrae la posibilidad de que quizás, algún día, puedan ser virales y alcanzar la fama en lo que cada uno se haya propuesto. Cantantes, cómicos, periodistas, escritores, artistas, profesores, peluqueros, maquilladores, mecánicos, pintores, electricistas, camareros, constructores… muchos usuarios han podido tener ese golpe de suerte necesario para poder vivir de la grabación de forma inesperada, por azar. Incluso otros prosumidores, lejos de tener un afán profesional para promocionarse, y poder sacar más partido a su trabajo, han publicado acontecimientos banales que los ha llevado a alcanzar la gloria al menos durante un tiempo. Y es que publicar en la red y obtener éxito aleatorio para las personas mundanas se ha convertido en una forma de vivir y hasta de sentir. Es como llegar a poder alcanzar ese sueño americano que dice "sí quieres, puedes realizar cualquier cosa que te propongas", olvidando que para poder alcanzar una meta hay mucho esfuerzo detrás. Pero el talento sin sacrificio no entiende de éxitos reales, aunque, eso sí, la aleatoriedad del juego de la lotería en la sociedad grabada tiene un altísimo poder de seducción. Y de ahí justamente deviene el mundo *fake*.

Porque lo *fake*, que es la última parte de este trabajo, es lo que prima en la red. La falsedad, el bulo, la información sesgada, la manipulación por parte de las empresas, de las instituciones, de los Gobiernos, de los organismos públicos o privados, de personas físicas y hasta de las máquinas que operan en el mundo virtual es lo que impera en la red para conseguir objetivos ilícitos o carentes de toda moral. Precisamente al hilo de todo esto, como contrapeso falaz ante el hecho de manipular, se ha podido comprobar en pandemia cómo se han instalado en la industria, casi como un movimiento de liberación y de salvación mundial, algunas empresas de verificación de información a fin de que el individuo pueda saber qué es verdad y qué es mentira de todo lo que se publica. Y se erigen sin tapujos como censores poniendo en duda el criterio y la formación de la persona en vez de fomentar el buen uso de las herramientas que los prosumidores tienen a su alcance. Dicen que lo hacen para facilitar al humano la vida, aunque se la estén quitando al mismo tiempo, apartándoles del aprendizaje del pasado y haciéndoles prestar toda su atención en el futuro para tener ocupada esa creatividad e imaginación que proviene del momento presente. Y lo hacen sibilinamente, como ese viejo diablo enviándoles cartas, grabaciones, para tenerles alejados de su propia esencia, a fin de apartarles de su espiritualidad. Del concepto de eternidad. Y de Dios.

Parte Primera. Lo Social

CAPÍTULO 1

Ecosistema de la grabación

Lo que no se graba no existe. O, cuando menos, la información que se obtenga sin que se haya realizado un acto previo de grabación podría ser catalogada de poco veraz, inexacta o sin fundamento. Porque casi todo lo que sabemos hoy del ser humano se debe, de una manera u otra, a todo un largo camino plagado de evidencias. Pinturas rupestres, pictogramas, tallas, manuscritos, libros, fotografías, cartelería, cintas magnéticas, páginas *web*, *blogs* y *videoblogs*, redes sociales, *podcast*, *apps*... En mayor o en menor medida, todo lo que se conoce sobre la historia de la evolución humana se debe al acto de grabar. Bien como necesidad, bien como exigencia, bien como arte o recreación, durante todo el trayecto existencial se han podido observar avances, errores, mejoras o incluso pasos recorridos hacia atrás simplemente por el hecho de evidenciar o esculpir aquello que se entiende por realidad; y todo este largo camino de supervivencia, transitado por casi ciento veinte mil millones de personas, se ha ido acreditado a base de pruebas y de demostraciones.

Es evidente, o al menos así lo ha constatado la grabación, que los avances técnicos y tecnológicos han ido ayudando a que todo ese itinerario se haya perseverado de forma más o menos duradera, perdurable, para luego poder revisarse a posteriori. Además, gracias a este revisionismo histórico, se han ido analizando todo tipo de documentos con el devenir de los años. Enseres, edificaciones, obras de arte y una gran variedad de rastros artificiales producidos por el individuo "en toda la ancha tierra", como diría Walt Whitman (Russell, 1991, pág. 25), han dado a conocer, con mayor o menor profundidad, cuál ha sido la herencia que, para bien o para mal, han ido legando nuestros ancestros. Una herencia que está repleta de huellas, trazas, señas, señales, signos, símbolos. Rastros, en definitiva, que guían, de una forma u otra, el sendero por el que el ser humano ha estado transitando desde los tiempos más remotos hasta nuestros días; y es justamente en este punto -aparentemente sin retorno- en el que se encuentra hoy el individuo, sustentado por el conocimiento grabado de lo que se fue o incluso lo que se podría llegar a ser.

Así pues, desde lo estrictamente material, o lo puramente espiritual, o de ambas cosas a la vez, el humano ha ido generando un ecosistema repleto de información más o menos perdurable para luego poder ser revisado. Otra cosa sería la interpretación que se ha realizado de todo ese material grabado. Porque lo evidente, lo probado, contiene cientos de miles de millones de documentos estampados en diferentes estructuras y soportes, y van desde lo más estrictamente físico hasta lo que hoy conocemos como virtual. Y todo ese material es susceptible de ser interpretado desde diferentes puntos de vista y de diversas formas.

Aquí, en todo este proceso de interpretación, la emoción ha jugado un papel muy relevante, pero el panorama ha cambiado de forma considerable porque el advenimiento de la Inteligencia Artificial ha supuesto un nuevo orden estructural en el ámbito de la grabación. Entre otras cosas porque la manera de controlar los procesos de elaboración y conservación de evidencias siempre ha estado bajo el poder de la mano del hombre. Pero hoy en día el hecho es bien distinto. Fundamentalmente porque ahora la grabación la puede hacer directamente la máquina bajo el criterio de un algoritmo que, si bien en la mayoría de las ocasiones ha sido diseñado por una inteligencia natural, la IA también en este momento es capaz de seleccionar por sí misma lo que pretende evidenciar.

Así pues, el humano, por delegación en muchos casos debido a la velocidad que impera en la sociedad, se está guiando por las directrices de una fuente artificial para agilizar su desempeño, y poder adaptarse así a la rapidez que gobierna en este nuevo tiempo sintético. Desde textos -simples o complejos-, pasando por el desarrollo de datos, elaboración de objetos o construcciones de edificios, hasta llegar incluso a crear nuevas identidades y fabricar entornos físicos a conveniencia, la IA va tomando decisiones cada vez más autónomas, siguiendo los criterios establecidos en su tiempo por el propio Allan Turing.

Porque la importancia de Turing en este ámbito de la grabación es de gran calado y envergadura, puesto que llegó a demostrar que la máquina podría ser capaz de realizar todo lo necesario para elaborar algoritmos cada vez más complejos desde dentro del sistema; y llegar a retroalimentarse por sí misma gracias al autoaprendizaje sobrevenido de sus propias grabaciones.

En este sentido de la retroalimentación del mensaje, David Bolter (1984), a partir de los hallazgos de Alan Turing, comparó a las computadoras con algunas tecnologías anteriores porque llegaron a redefinir conceptos fundamentales como el tiempo, el espacio, el lenguaje, la memoria o la creatividad humana. Y es que este tipo de máquinas ahora mismo están llegando incluso a reconsiderar el impacto cultural, económico, político y social que mantiene el individuo con su entorno, porque la máquina no solo es importante como instrumento de interacción, sino que son las auténticas grabadoras de nuestra era. Y, por defecto, de ellas también va a depender el futuro de la humanidad porque, si bien antes de su creación el mañana dependía sólo del ser humano, ahora, desde el autoaprendizaje y su capacidad de intervencionismo, la máquina es un actor muy influyente en el devenir del hombre.

En propio Bolter (1984) ya descubrió incluso que, en muchos aspectos, la perspectiva de la era informática se asemejaba más al mundo antiguo que al de la Ilustración. Y es que los ilustrados basaban sus estudios en la búsqueda del progreso usando el sentido crítico y poniendo al humano en el centro de un mundo donde también el apartado emocional era de suma relevancia para ellos. Y éste se debía comprender y racionalizar, de forma objetiva, para poder seguir avanzando como especie. Kant (2014), al hilo de esto, establecía que la Ilustración significaba "el abandono del hombre de una infancia mental de la que él mismo es culpable". Y exponía que esa infancia sería "la incapacidad de usar la propia razón sin la guía de otra persona" (Kant, 2014). Siguiendo las palabras del filósofo alemán, la infancia entonces podría ser culpable "cuando su causa no es la falta de inteligencia, sino la falta de decisión o de valor para pensar sin ayuda ajena" (Kant, 2014). Una ayuda, o más bien un auxilio, que en la actualidad ha venido estableciéndose gracias a la asistencia de un algoritmo ajeno incluso al ser humano que, en algunas ocasiones, lejos de ayudar a pensar, se convierte en un auténtico aliado hacia el arresto de la razón.

De hecho, Bolter (1984), manifiesta que la programación informática está más cerca de la creencia de que "los resultados son más importantes que los motivos", por lo que casi se aceptaría que las limitaciones necesarias para los logros humanos estarían supeditados a la búsqueda del encuentro con los objetivos del corto plazo, en vez de pensar en la perdurabilidad de un sistema creado con el individuo como centro. No obstante, eso sí, el mismo Bolter (1984) reconoce que, aunque el uso creciente de computadoras puede reducir el sentido de nuestra cultura, por extensión, también podría ofrecer nuevas formas de ver y comprender la sociedad, pero siempre y cuando el humano tomara las riendas de sus actuaciones y no dejando al mando de la máquina el devenir del propio individuo, y de la propia civilización, de forma ingenua y pueril.

No obstante, antes de proseguir, sí que conviene recalcar que, desde el advenimiento de la era informática hasta llegar a la de la Inteligencia Artificial (Haugeland, 2001) que cierne nuestros días, la grabación ha ido experimentando diferentes fases con un objetivo claro: ofrecer un legado perdurable, como antes sucediera con los distintos soportes tecnológicos encaminados a optimizar los procesos de comunicación entre personas y civilizaciones. Para dejar patente esa huella permanente en la historia del ser humano, los avances en el ámbito de la comunicación han jugado un papel muy importante para sellar un legado que está repleto tanto de realidad como de ficción; y con el paso del tiempo ambos conceptos se han ido abrazando hasta tal punto de interconectarse para contar conjuntamente historias y, con ellas, establecer enseñanzas y aprendizajes.

En este sentido, sobre lo real o lo imaginario, se suele hablar de que la comunicación también debería estar asociada al término de emoción; y es que gracias ella el ser humano ha ido creando entornos repletos de mensajes. Por lo tanto, la ficción y la realidad son difícilmente separables, porque a medida que el hombre ha desarrollado su mente, su intelecto, ha ido desarrollando un nuevo espacio de convergencia. Un lugar de (re)creación. Una especie de juego en el que cohabitan ambos términos, para ayudarle a grabar, de una manera potencialmente más efectiva, el conocimiento del ecosistema que le rodea y, por razones obvias, también el de sí mismo.

En este sentido, el ser humano es un ser creador que tiene capacidades perceptivas, racionales, conscientes e inconscientes. Y todo el conocimiento que va generando comienza de lo endógeno, de su diálogo interno, y lo revierte hacia todo su contexto, hacia lo exógeno: "converso con el hombre que siempre va conmigo, quien habla solo espera hablar a Dios un día", decía Machado (2006) en su poema *Retrato* con el que abre su obra *Campos de Castilla*, escrita en 1912, y en el que grababa así la propia percepción de lo que llevaba de vida en ese mismo instante. Porque es justamente a partir del autorreconocimiento, desde la autopercepción (Lacan, 2022), cuando el individuo pretende entender el mundo que le rodea para poder así modificar el entorno y satisfacer, de este modo, sus propias necesidades y, por ende, las de toda su descendencia.

El objetivo no es otro que el de crear un legado perdurable que beneficie a sus propios intereses y supuestamente a los de los que estén por llegar. Pero el humano, tras ese autorreconocimiento como persona que se ve en el espejo y conforma su ego, su yo, también precisa de la acción de observarse en otras personas, en otros espejos, y encontrar lo real desde el acompañamiento, sabiendo en todo momento que no está solo, sino que hay otros congéneres que cohabitan en un mismo espacio y en un mismo tiempo, el que les haya tocado vivir a cada uno-, entendiendo que es uno mismo, pero que, al mismo tiempo que se graba, está grabado en los demás. Y en este sentido replica conductas, repite patrones y reafirma acciones con el objetivo de sobrevivir y legar para que su especie subsista de la mejor forma posible.

"Me celebro y me canto a mí mismo. Y lo que yo diga ahora de mí, lo digo de ti, porque lo que yo tengo lo tienes tú y cada átomo de mi cuerpo es tuyo también", decía Whitman (2011) en *Canto a mí mismo*, publicado en 1885. En esta obra, el poeta trata de exaltar al individuo porque puede acceder al conocimiento del mundo y de las cosas que en él existen a través del "yo", y también por supuesto observando a los demás. Porque todos forman parte de lo creado. Whitman en su obra parece querer determinar dónde vive el ser humano y cómo interactúa con las demás personas que, a su juicio, podrían ser su propia alma; porque la historia de la interactuación del individuo con la naturaleza parte para el poeta entonces de uno mismo y de lo que se ha grabado previamente durante siglos. Y es que Whitman va más allá del soporte y traslada ese traspaso de conocimiento desde la más pura esencia, desde su yo más espiritual.

Por este motivo, se podrían observar dos modos de grabación por parte del ser humano: el puramente material, para el que precisa de soportes físicos o virtuales con el objetivo de hacer perdurable la información; y el estrictamente natural, el que va intrínseco al humano. Es decir, el propio individuo en sí mismo, entendido como un generador de información que, tras autorreconocerse en él y en los demás, va actuando como una grabadora hasta el final de sus días a fin de afianzar el aprendizaje obtenido, avanzar en cuanto al conocimiento adquirido y generar progreso en su entorno de forma natural, gracias a la retroalimentación constante de la información que va obteniendo por su propia experiencia y la de los demás seres vivientes a través de los siglos. Aunque siempre conviene tener en cuenta que esa información que va creando y acumulando no es del todo objetiva porque la percibe por los sentidos y la difunde también desde lo sensorial o lo material con todas las limitaciones que esto conlleva. De hecho, en muchas ocasiones, se precisa de lo imaginario para explicar lo real, y viceversa, y poder entender el ecosistema correctamente.

Y es que la comunicación y la imaginación son términos inseparables. Porque a medida que el hombre -a través de los tiempos- ha desarrollado su intelecto, ha ido creado el mundo a su imagen y semejanza gracias a sus sueños. A sus fantasías. A sus ilusiones.

Por ejemplo, la acción del reconocimiento de la propia grabación de sí mismo en los demás consistiría en repetir rituales a fin de tratar de discernir lo que se piensa como real de lo que se supone que es imaginario, cuando probablemente podrían ser una misma cosa.

En cuanto a la distinción entre lo real o lo sagrado, que va más allá de lo imaginable, en la obra *El mito del eterno retorno* (Eliade, 2011) el autor define que lo real es lo sagrado; pues "sólo lo sagrado es de un modo absoluto, obra eficazmente, crea y hace durar las cosas. Los innumerables actos de consagración –de los espacios, de los objetos, de los propios hombres, etc.– revelan la obsesión de lo real, la sed del primitivo por el ser". Así pues, el ser humano más arcaico solo encuentra la realidad en la repetición de los actos sagrados que dieron origen al mundo y a sí mismos porque "toda actividad responsable y con una finalidad definida constituye para el mundo arcaico un ritual". En este sentido Platón (2022) establece también que el individuo simplemente puede dar fe de las sombras de una realidad que permanece inmutable, que es justamente la que sostiene las ideas. Un mundo de las ideas que muy probablemente es aquello que lleva grabado de manera intrínseca, y que muchas veces por sí mismo no puede explicar o expresar debido a las limitaciones del sistema finito en el que se halla inmerso. Un sistema finito que se potencia por la imagen y donde la vista cobra más importancia que el resto de los sentidos a la hora de realizar una grabación material. De hecho, el error perceptivo y cognoscitivo de los prisioneros de la caverna de Platón vendría establecido por la imagen misma. Víctor Gómez Pin (2006) en su obra

Entre lobos y autómatas. La causa del hombre parte de la siguiente pregunta para reflexionar sobre lo real y lo imaginario; y cómo sería el rango perceptivo del ecosistema detectado, y listo para ser grabado, partiera de la vista: "¿sería pues la caverna menos cavernaria si además de las imágenes asténicas que son las sombras y ecos hubiera equivalentes de sensaciones olfativas y táctiles y gustativas?" (Gómez Pin, 2006, pág. 91).

El propio autor, sostiene en esta obra que la objeción parece obvia porque yuxtaponer apariencias de atributos de una entidad no podría obtener un solo atributo verdadero. No obstante, considerando los intentos actuales para ampliar la gama del universo perceptivo virtual, se podría decir que la situación no resulta tan evidente. Por un lado, parafraseando a Gómez Pin (2006), en lo que respecta a la percepción visual y auditiva, podría parecer que todo trata de aproximarse al original a fin de parecer menos fantasmagórico; y cita que el sonido estereofónico digitalizado ayudaría a crear esa falsa sensación de realidad cavernaria. Además, expone que la cuestión no radica en si se trata de una copia, sino en cómo se relacionan los contenidos para percibir su fuente. Y es que una estimulación adecuada, y bien percibida, podría valer más que la presencia del original con un instrumento perceptivo deficiente. Y en este sentido propone lo siguiente:

> La buena adecuación a los rasgos la simulación excelente (es decir integrada por representación de todos de los atributos sensibles) nos depararía, de hecho, un equivalente de la cosa misma: tal es la filosofía implícita en los entusiastas discursos contemporáneos sobre realidad virtual, y en especial, sobre internet. (Gómez Pin, 2006, pág. 91)

Así las cosas, como para Platón la propia realidad se sitúa fuera de lo que de por sí es tangible, la grabación de lo material sería un acto que de por sí se sostiene de lo percibido, de lo subjetivo. O de lo amplificado, o de lo sugerido como real. Sería todo aquello que proviene de las ideas y que tiene que tratar de converger en el mundo físico para intentar entenderlo. Para el filósofo griego la realidad está en el mundo de las ideas, y parece a todas luces inalcanzable por los sentidos. En este caso, las ideas serían para Platón lo que lo sagrado es para el humano arcaico. Una realidad intangible, pero evidente, porque ha permanecido grabada y transmitida biológicamente, de padres a hijos, durante todo el proceso existencial, formando así parte del propio ser humano, conformando su parte infinita y espiritual. No obstante, esa grabación con el paso de los años se puede degradar y manipular a través de los soportes físicos, materiales, llegando a no poder discernir la realidad de la propia ficción generada por el relato plasmado en lo sólido, y que en este siglo ya se ha transformado en líquido (Bauman, 2022) por el advenimiento de la "velocidad salvadora" (Virilio, 1999), de lo virtual. Por eso, más ahora en este tiempo, discernir entre verdad y mentira en la grabación se ha hecho cada vez más difícil, sobre todo porque "las verdades del hombre son ilusiones que se han olvidado de que lo son" (Nietzsche & Vaihinger, 1996, pág. 24), y que están generadas a partir del lenguaje, distorsionado también por la grabación. Y es que ahora el humano no puede comprender la esencia única de la naturaleza por todo el material que ha ido grabando, simplemente por el hecho de generar constatación; y en este momento no se aviene a su lado más espiritual -a lo naturalmente grabado- por temor al juicio de la prueba. Así que opta por someterse al relato material establecido durante milenios, creado a base de conceptos tallados en falacias o, cuando menos, con una sola visión.

Esta visión material grabada ha ido creando prototipos falsos, o al menos poco consistentes, por la incapacidad que tiene lo material a la hora de narrar lo inmaterial, lo consustancial, lo intangible. Y por eso el individuo se halla ahora en un mundo grabado a base de ficciones en las que poder refugiarse para seguir viviendo y narrado creencias y dogmas que obvian el rango perceptivo. Sobre todo, porque la propia evolución se ha mitificado para tratar de cohesionar a grupos humanos con ascendencias comunes a fin de establecer lazos y uniones que se han generado no sólo genética y evolutivamente, sino también a través de los diferentes soportes materiales para hacer perdurar la evidencia sobre lo etéreo, sobre lo inmaterial.

> La teoría de la evolución tiene un estatus especial entre las teorías científicas, no solo porque, en ciertos aspectos, es difícil estudiarla de modo experimental, lo que ocasiona interpretaciones diversas, sino también porque da razón del mundo viviente, de su historia, de su estado presente. En este sentido, la teoría de la evolución es tratada a menudo como un mito, es decir, como una historia que narra los orígenes y por lo mismo explica el mundo viviente y el lugar en el que ocupa el hombre. […] la necesidad de tener mitos, incluso los cosmológicos, parece ser un rasgo común en toda cultura, a toda sociedad. Puede ser que los mitos contribuyan a la cohesión de un grupo humano ligado a sus miembros por una creencia en un origen y en una ascendencia comunes. Probablemente esta creencia permite al grupo distinguirse de otros y definir su propia identidad. (Jacob, 2005, pág. 43)

Y todo lo que rodea al ser humano ha sido una continua progresión en el perfeccionamiento para convertir esa ficción creada en algo que cada vez se sienta como más real. Porque a medida que el hombre -a través de los tiempos- ha desarrollado su intelecto, ha ido creado su espacio de juego -su propio mundo- a imagen y semejanza gracias a sus sueños. A sus quimeras. Pensando incluso que bien podría ser Dios. Y siempre ha evolucionado en la misma dirección. El arte rupestre sirvió para representar escenas o materializar visiones a cada uno de los sujetos que las realizaban. Más tarde, con la invención del código escrito, el humano hizo realidad uno de los mayores milagros conocidos en la historia del hombre, la literatura. Y mediante esta manifestación artística, el hombre pudo transmitir a sus descendientes –de forma física y perecedera- su gran legado: la imaginación de lo real.

Históricamente numerosos inventos han servido para, en teoría, salvar distancias y romper barreras hasta llegar a esta nueva era, la del siglo XXI. A día de la fecha, se reconocen diferentes formas de recibir mensajes y de emitir información para comunicarse. ¿Pero cómo se sabe si el receptor está escuchado correctamente? ¿Puede que el receptor sólo quiera oír? Y yendo aún más allá: ¿Quizá el receptor del mensaje escuche lo quiera escuchar? Y, a todo esto, ¿ayuda la tecnología a emitir y recibir información?, ¿lo ha hecho a través de los últimos tiempos con los consiguientes medios?

Humberto Maturana, biólogo, humanista y filántropo ha podido dar a la ciencia algunas claves para que el milagro de la ciencia de la comunicación en este caso sea más accesible al gran público y que, además, se pueda entender cómo funcionan los órganos desde la función biológica junto a la tecnológica en pro de un objetivo: la unión y la relación entre seres humanos. En este caso existirían seres naturales que se van grabando a sí mismos tanto biológicamente como espiritualmente a través del paso del tiempo, pero que, a su vez, acuden a elementos naturales para hacer perdurable esa información con las limitaciones que tiene lo físico para poder narrar bien incluso lo inmaterial. En uno de sus textos escritos Maturana y Pörksen (2004), *Del ser al hacer*, para ser más exactos, Maturana expone el interés general, y muy difundido en nuestra cultura, de establecer enseguida el grado de coincidencia con las propias opiniones, de lo que realmente se ha grabado con anterioridad, si lo traemos al hilo argumental que marca este texto. Pero el que escucha de esta forma, realmente no está escuchando al otro, sino que solo se escucha a sí mismo. La otra manera de escuchar gira en torno a la pregunta de bajo qué circunstancias lo sentenciado tiene valor. ¿En qué dominio de realidad tiene validez lo que se argumenta? ¿Me gusta el mundo que se está configurando aquí a partir de la grabación material?

Lo que pretende Maturana desde la autoobservación es no sólo oír y escuchar, sino que, yendo aún más lejos, que el propio tomador de decisiones se "autoescuche". Pero la celeridad de la sociedad no le permite realizar una reflexión correcta; y aun teniendo todas las armas disponibles en el cajón de su mesilla, las propias que ofrecen las TIC, un ordenador portátil, un teléfono móvil o una simple grabadora y reproductora de sonido, pueden ayudarle a una correcta toma de decisiones. Y es que, si no se escucha sensorialmente, sensitivamente, a través de los órganos destinados a este fin, y a partir de un contacto directo con el interlocutor, ¿cómo se puede plantear una escucha con una barrera tecnológica de por medio?

Pues, al menos en teoría, precisamente para eso estarían las nuevas tecnologías: para aumentar el acierto de lo que se percibe y ofrecer segundas oportunidades a fin de salvar distancias y barreras, además de para que exista carácter probatorio en la toma de decisiones y, más aún, para que haya constancia de lo que se dice y se escuche a posteriori. Por ejemplo, la palabra queda impresa ya no sólo permanece en la mente de las personas a través de los órganos sensoriales, sino que ahora cualquier conversación puede reproducirse y no sólo interpersonalmente, sino que puede llegar al gran público porque los medios audiovisuales así lo permiten.

Las TIC también, a día de la fecha, pueden ayudar, por ejemplo, a realizar testeos o pruebas sobre la capacidad intelectual de la persona a la que se esté escuchando y conocer mejor su pensamiento, incluso si existe engaño por su parte en todo el proceso de información que se está proponiendo. Para reconocer todo esto John Haugeland (2001) plantea en su obra *Inteligencia Artificial* cómo se puede reconocer la mentira desde la definición de inteligencia y aludiendo a un juego establecido por el propio Alan Turing:

> ¿Cómo vamos a definir inteligencia? ¿No es cierto que todo se centra en eso? Puede parecer extraño pero esta cuestión en realidad se trata muy poco [...] Turing estaba muy fastidiado de tantas controversias estériles acerca del significado de las palabras; pensaba que jamás se llegaría a descubrir algo interesante sobre lo que se podrían desarrollar las máquinas filosofando en un café acerca del significado de las palabras 'pensar' e 'inteligente'. Por eso propuso que nos olvidáramos de la cuestión verbal y que se hiciera una prueba muy sencilla que él mismo ideó; esto nos permitiría concentrarnos en la construcción de la observación de las máquinas mismas. Predijo que para el año

2000 los sistemas de cómputo estarían pasando una versión "modesta" de su prueba, que las definiciones contrarias se verían realmente como absurdas (y desaparecerían en silencio)." (Haugeland, 2001, pág. 13)

Aquella predicción se cumplió y hoy los humanos podemos confundir con gran facilidad entre una mente natural y una artificial, porque el autoaprendizaje de la máquina no solo deviene de la autoobservación entre inteligencias artificiales, sino que la televigilancia centrada en el humano está acelerando el proceso de lo que incluso podríamos denominar de adiestramiento. La anterior cita de Haugeland (2001) está basada en el conocidísimo juego de la imitación, en el que lo practican tres personas que no se conocen entre sí. Dos son los testigos (con sexo diferente) y el tercer jugador, que en este caso es el interrogador, trata de adivinar qué testigo es, contestando una serie de preguntas que todos pueden llegar a comprender. El truco versa sobre que uno de los testigos pretende engañar al interrogador intentándose pasar por persona de sexo diferente, mientras que el otro quiere ayudar en todo lo posible al interrogador. Pero, por su puesto, para evitar pistas extremas, ¿cuál es el verdadero juego del juego?: evidentemente ocultar el tono de voz. Si se escucha con atención, se puede hallar la respuesta a todas las preguntas y realizar otras, y comenzar así el verdadero diálogo fundamentado en la verdad, si es que el interlocutor principal está preparado para oírlo y escucharlo todo. Las máquinas ayudan a conocer la verdad establecida y gestada a partir de lo inmaterial, y también la divulgan. Del mismo modo que el humano es capaz de reconocer lo grabado, toda vez que haya procesado esa información en su cerebro.

Los medios informáticos cada vez son más sofisticados, pero el proceso anterior, ése que nos ha traído hasta aquí, está lleno de avances que en su momento supusieron grandes cambios históricos hasta llegar a la sociedad grabada que conocemos hoy. Y el humano ahora se encuentra visual y auditivamente ante un mundo aparentemente sin barreras, sin límites, porque cuenta con una serie de avances que le pueden parecer a priori que le ayudan a la divulgación de su pensamiento a través de medios de comunicación masivos que han surgido a lo largo de la historia de la comunicación. El telégrafo, el teléfono, la radio, la televisión, las computadoras, internet, o la propia telefonía móvil son los grandes adelantos que ha experimentado la grabación y que parten de la limitación tecnológica material y natural para contar historias.

Para empezar, el telégrafo cambió el concepto de diálogo de manera radical. Samuel Morse (Estados Unidos Patente nº 1.647, 1840), a través de un nuevo medio y de un nuevo lenguaje, creo una forma diferente de relación entre el hombre, la información y la comunicación. No obstante, el humano, aunque no necesitaba estar presente para recibir un mensaje, se topaba con un gran inconveniente, no poder escuchar el tono de la voz del interlocutor, aunque la imaginación podía entrar en escena y suplir esa carencia con la idealización hacia el individuo con el que se mantenía conectado. Aunque es justo decir que a partir de este momento existe un antes y un después en cuanto a la forma de emitir y recibir mensajes. Y con este avance la era de la grabación entra en una fase de virtualización del mensaje muy avanzada puesto que ya se podía intervenir con el receptor de manera más directa porque permitía un *feedback* inmediato con otra persona que se encontrara a cientos de kilómetros.

Seguidamente surge el teléfono (Estados Unidos Patente nº 174.465, 1876). Y aquí ya la voz, la palabra, tiene máximo protagonismo porque se escucha el tono y se puede contextualizar mejor la conversación. El interlocutor, el que está al otro lado, cobra más protagonismo, su acercamiento - aun en la distancia física- es mayor y la versatilidad del mensaje es superior hasta los entonces conocidos. Así pues, con la imaginación nuevamente como protagonista, se pueden obtener nuevas formas de interactuación con la persona que está al otro lado y la sensación de cercanía aumenta de forma considerable. Rodari (2004) en su obra *Cuentos por teléfono* da buena cuenta de ello y de lo que este invento tecnológico -y ya casi por defecto los siguientes- significan para el humano. El autor cuenta en el prólogo la siguiente historia:

> Érase una vez… el señor Bianchi, de Varese. Su profesión de viajante de comercio le obligaba a viajar durante seis días a la semana, recorriendo toda Italia de este a oeste, de sur a norte y al centro, vendiendo productos medicinales. El sábado regresaba a su casa y el lunes por la mañana volvía a partir. Pero antes de marcharse su hija le recordaba: Ya sabes, papá: un cueto cada noche". Porque aquella niña no podía marcharse sin que le contaran un cuento antes de acostarse y su mamá ya le había explicado todos los que sabía hasta incluso tres veces. Así que, cada noche, estuviera donde estuviera, el señor Bianchi telefoneaba a Varese a las nueve en punto para contar un cuento a su hija. (Rodari, 2004, pág. 5)

Gracias a esta manera de conectar emocionalmente con la otra persona se abre un nuevo mundo repleto de creatividad puesto que el teléfono abre nuevas dimensiones en el ámbito comunicativo. Una llamada puede llegar a ser más que un simple intercambio de datos. Detrás del teléfono hay infinitas historias de encuentros y desencuentros. De amor y de desamor. El teléfono une, sí, pero también separa. Y más aún si la comunicación presencial queda omitida y supeditada ámbito de lo virtual.

El futurista Gerd Leonhard (2024) en uno de sus múltiples discursos ha manifestado que "la tecnología puede ser buena o mala, que solo depende del uso que hagamos de ella". Así un teléfono se puede convertir en una vía de socorro, en un no lugar de intercambio de amor, en un soporte comercial, en un espacio erótico o incluso podría ser un medio para declarar la guerra. De sobra es conocido que el *teléfono rojo*, por ejemplo, en 1963, se convirtió en una línea directa entre la antigua URSS y los Estados Unidos, Moscú y Washington y que aún sigue esperando una llamada a la contienda.

Otros espacios de grabación son los que acontecen después del invento de Antonio Santi Giuseppe Meucci -patentado con posterioridad por Alexander Graham Bell- y no son otros más que la radio, el cine y la televisión. En cuanto a la radio y la televisión, para el humano vincularse a ellos puede hasta significar, en muchos casos, mantenerse en compañía. En el trabajo, en el hogar, en la sala de espera de los hospitales y en cualquier medio de locomoción -tren, barco, avión, autobús, incluso automóvil- pueden escucharse o verse, o ambas cosas a la vez, según el medio, y observar cómo el sistema de grabación se ha ido perfeccionando hasta llegar a un gran público ávido de recibir un mensaje masajeado (McLuhan, 2007). Es justo aquí cuando los medios de comunicación comienzan a llegar masivamente a casi todos los rincones del planeta con todo lo que conlleva, incluido el pensamiento globalizado, el pensamiento único, el que se ejerce al dictado del medio de grabación. Y aparece una nueva forma de vida sustentada en una industria plenamente integrada en la comercialización de cualquier producto o servicio digno de obtener una rentabilidad. Y es aquí cuando comienza el ser humano a instalar nuevos hábitos -los de consumo- que sobrevienen de su parte más sensorial y sensitiva:

> La televisión completa el ciclo del sensorio humano. Con el omnipresente oído y el ojo móvil hemos abolido la escritura la especializada metáfora acústico visual que estableció la dinámica de la civilización occidental. En la televisión se prolonga el tacto activo exploratorio, que implica a todos los sentidos simultáneamente más que el de la vista por sí solo. […]. Como en la era de la información, la mayoría de las operaciones se dirigen

> eléctricamente la tecnología eléctrica ha significado para el hombre de Occidente una considerable merma del componente visual de su experiencia y un aumento correlativo de la actividad de sus demás sentidos. La televisión exige participación e implicación en profundidad de todo el ser. No funciona como un segundo plano. Nos compromete: Quizás sea por eso que tanta gente considera amenazada su identidad. Esta carga de la Brigada ligera ha acrecentado nuestro conocimiento general de la forma y el sentido de las vidas y de los hechos hasta un nivel de extrema sensibilidad. Los funerales del presidente Kennedy probaron con la mayor fuerza la capacidad de la televisión para lograr la participación colectiva en un acontecimiento determinado. Envuelve a toda una población en un proceso ritual. (McLuhan, 2007, pág. 125)

Ya instalado en los hogares un medio de comunicación audiovisual, sin la necesidad de ir a una sala adaptada para poder ver la imagen en movimiento acompañada de sonido, la propia residencia de cada uno, con el aparato de televisión rigiendo el mejor espacio del hogar, se convierte en la ventana no solo de bienes o servicios, sino de propagación de ideas. Y si la propaganda nazi y soviética tuvieron un efecto muy acogedor en el aparato ideológico de las familias en su momento, ahora, con este medio, la ideología basada en el consumo adquirió desde entonces hasta hoy un protagonismo máximo en la grabación de mensajes y de conceptos. De ideas y de pensamientos. De ilusiones, en definitiva.

Pero no va a ser hasta la llegada de internet, de las redes sociales y de la nueva era de la IA basada en el algoritmo, hasta que la imagen y el sonido, esta vez ofrecido de forma más interactiva, adquieran más relevancia. Y es justo en este preciso momento cuando la sociedad grabada logra más contundencia a la hora de teledirigir al individuo.

Se dice que Internet que es el medio de medios porque, gracias a la red de redes, se puede compartir, comprar, alquilar o vender cualquier cosa entre los usuarios. Desde lo ilícito hasta lo más turbio en la *Deep Web* (Bautista Luzardo, 2015), esa parte de la red en la que con determinadas aplicaciones se puede acceder a las grabaciones más sucias y mezquinas que realiza el ser humano al cobijo del anonimato, porque todo puede ser susceptible de ser adquirido. Bienes, servicios -físicos o virtuales- y hasta incluso ideologías están a disposición de todo aquel que esté dispuesto a invertir su tiempo y su dinero en poseer algunos de ellos.

La ventaja de internet en cuanto a la grabación es la multiplataforma y la posibilidad de conexión desde cualquier dispositivo, lo que produce una inmediatez en la circulación de la información nunca vista hasta el momento. Porque a la red se puede conectar no solamente dentro del hogar o desde la oficina, como ocurría en sus inicios. Ahora, desde un teléfono móvil cualquier persona que tenga la capacidad de conectarse puede obtener todo tipo de información al instante. La otra cara de la moneda es que todo esto es recíproco, y el propio terminal también es capaz de conocer la información de su propietario.

> El móvil también es una agenda, además de un despertador, un cronómetro, un cuaderno de notas, una máquina fotográfica, un contestador... Para quien tenga paciencia, incorpora también la agenda, igual que incorpora, en un cuerpecillo bastante pequeño, imágenes, vídeos, películas, música un montón de cosas. Toda una transformación de la que debemos hablar, aunque espero que no hasta el aburrimiento. Sin embargo, la transformación más abismal o inaugural -como diría alguien aficionado a palabras más aburridas de tono- es otra. Cuando alguien me responde enseguida le pregunto: ¿dónde estás? Este es el punto desde el que se debe desentrañar nuestra inmensa ontología invisible. (Ferraris, 2008, pág. 36)

En la obra a la que pertenece este texto, *¿Dónde estás? Ontología del móvil*. el propio Maurizio Ferraris (2008) estima que es muy posible que no se haya prestado suficiente atención al móvil, por estar "tan ciegos en el mundo en el que vivimos" Ferraris (2008, pág. 36). Y es por esta razón por la que el propio autor estima que es muy necesario cuestionar qué tipo de dispositivo es un teléfono móvil. Y referido a esto surge su título "ontología". Porque, ¿cuál es el significado de un móvil? ¿Cuál es su propósito?

Hasta ahora, la mayor parte de la grabación que ha realizado el humano se ha basado justamente en registros. Y estos registros, como dice el propio autor, determinan responsabilidades. Pero desde hace relativamente poco tiempo, y aquí es donde ha evolucionado el pensamiento de Ferraris, el móvil estaba deslocalizado: "¿Eres tú, amor mío? No, soy su marido. Este es el ausunto. Hay una gran diferencia entre estar al teléfono y estar al móvil" (Ferraris, 2008, pág. 36). Pero a día de la fecha, no. El geoposicionamiento, aparejado a las *cookies*, por ejemplo, permite la grabación de la vida del humano independientemente del lugar en el que se ubique, y una persona puede estar localizada al instante en caso de ser necesario y también de no serlo. La intimidad ha dejado de existir no solo para la vida en pareja, sino también para las empresas. Es más, ciertamente una compañía en algunos casos podría tener más información sobre los gustos de una persona que un compañero de vida. O hasta que uno mismo, porque la predicción de los deseos se puede conseguir de inmediato gracias a la ayuda insaciable de un algoritmo que es capaz de adelantarse a las siguientes grabaciones que una persona estaría dispuesta a hacer casi al instante. Y esa huella, ese rastro, es tan fácil de hallarse que puede hacer temblar los cimientos de cualquier relación. Actualmente, en los círculos más íntimos, se suele decir: "si de verdad quieres conocer a alguien pídele que te deje ver su TikTok solo un par de minutos". Pero la gente que apuesta por la sensatez y la prudencia prefiere no hacerlo.

CAPÍTULO 2

Sociedad y tecnología

No solo es una cuestión de ser apocalíptico o integrado. Se trata de ser consecuente. Bien es cierto que, a estas alturas, podría seguir existiendo la dualidad entre ambos conceptos. De hecho, en la actualidad, lo bipolar es una de las constantes sociológicas en tiempos de cambio e incertidumbre. Y de la misma forma que renacen los extremismos políticos e ideológicos, también surgen los tecnológicos.

Así pues, mientras los apocalípticos estiman que la cultura de masas -potenciada por los *mass media*- trata de destruir las etnias y las culturas dirigiendo al gran público hacia el pensamiento único e irreflexivo con el cebo de la ludificación multimedia; los integrados, o los más optimistas, estimarían que esa misma cultura de masas podría ser la salvadora de la civilización moderna. Pero desde que Umberto Eco (2004) expuso esta tesis ha transcurrido mucho tiempo. Y aunque se podría pesar que en la bipolaridad está el equilibrio para tratar de compensar el sistema, por el camino se ha ido quedando mucha gente; porque la balanza no vacila a la hora de decantarse por un extremo en el caso de que se tenga que vencer.

Así que aquellos que pensaban que la tecnología iba destruirles, al mismo tiempo se han ido dando cuenta de que, por carecer de conectividad, se estaban desintegrando; y todo ese grupo social que era reacio a la tecnología ha tenido que traicionar a sus propias creencias al tiempo en que la propia necesidad les ha ido empujando a permanecer para no morir siendo víctimas de esta nueva "selección artificial". Además, aquellos que pensaban que nunca iban a caer en las garras de la digitalización, y han querido ser fieles a sus dogmas antitecnológicos, o bien el sistema les ha ido arrinconando poco a poco hasta dejarles fuera del régimen consumista, o bien tristemente ya han muerto. Es posible que pueda parecer muy perversa la proposición de esta tesis, pero los hechos son los que son y, conforme una gran parte de la población del mundo desarrollado ha ido envejeciendo, otra se ha ido abriendo paso como ha podido para adherirse a la imperiosa necesidad de vivir conectado, ya que ésta podría ser la única forma de mantenerse dentro del régimen digital. Porque la tecnología va de esto. Permanecer o desaparecer. Adaptarse o despedirse. Renovarse o morir.

En la sociedad grabada la tecnología ha ido marcando el paso del humano, abriéndose camino en un mundo repleto de rastros de antiguas civilizaciones que unas veces han servido para avanzar hacia un progreso sostenible y, otras, para todo lo contrario. Porque, en determinadas ocasiones, por muchas evidencias que se hayan ido grabando a través de los años, parece que poco o nada se ha aprendido cuando tocaba revisarlas. Y es que justamente la grabación tiene estos paradigmas, el individuo puede optar al aprendizaje positivo o más bien a todo lo contrario. Es decir, a tratar de replicar conductas grabadas para conseguir fines que poco tienen que ver con el bienestar social. Pero ahí entraría en juego el grado de perversión al que intrínsecamente está sujeto el ser humano y volveríamos a la tesis del futurista Gerd Leonhard (2024) "la tecnología puede ser buena o mala, solo depende del uso que le hagamos". En este sentido, el fuego podría servir para calentar al humano y hasta incluso para mejorar su alimentación, pero en manos de un psicópata ya se han podido grabar innumerables atrocidades para hacer daño a la sociedad. Lo mismo sucede con los medios de comunicación, que son capaces de informar con grabaciones a la población para que libremente puedan optar por tomar una u otra decisión, o bien utilizarlos para el adiestramiento.

> La respuesta ritual es que todo hallazgo tecnológico se ha topado con inquisidores que siempre se han equivocado. ¿Quién maldijo el invento de la imprenta? ¿Quién ha condenado el telégrafo o el teléfono? La invención de la radio deslumbró a todos. Responder invocando a inexistentes satanizados es, pues, una respuesta vacía que va del problema propuesto. (Sartori, 1997, pág. 55)

Satanizar la tecnología en sí misma carecería de sentido. No obstante, el uso que se haga de ella quizá sí que en un momento dado se podría tiranizar. El teléfono, la radio, el cine, la televisión e internet, cada uno a su forma, potencialmente posibilitan la acción de acercase, pero también a su vez de distanciarse. Porque la velocidad a la que se transmite el mensaje podría ser una ventaja, pero también un hándicap. Y es que la reflexión, que requiere de calma y reposo, es bastante necesaria a la hora de establecer una comunicación efectiva, aunque a veces la rapidez es de suma utilidad a la hora de conectar a los interlocutores. Eso sí, cualesquiera de los medios anteriormente citados pueden utilizarse con la pausa necesaria que requiere la reflexión, otra cosa es que se haga debido a la avidez que suscita la propia información. Y es que ser el primero en ofrecer el mensaje se ha convertido en todo un reto no solo para la empresa periodística (Góngora & Lavilla, 2020), por ejemplo, sino que también lo es para un individuo que pretenda mantener una conexión proactiva.

Hay algunos medios que son, por su idiosincrasia, muy inmediatos como el teléfono, y en este caso la velocidad es muy necesaria, aunque también se puede templar. Una llamada a destiempo, sin pensar en su repercusión podría desencadenar una controversia, una decepción, una ruptura, un desamor, e incluso hasta una guerra, en caso de utilizar ese *teléfono rojo* entre Washington y Moscú.

El ser humano es racional, pero también emocional y la ilusión que genera la instantaneidad a veces puede resultar tan incontrolable que el detonante de una conectividad puede traer más efectos negativos que positivos. Paul Virilio (1999), enunciado anteriormente, exponía que "existe la ilusión de una velocidad salvadora; la ilusión de que el acercamiento exagerado entre poblaciones no va a traer consigo conflictos sino amor, que hay que amar al que está lejos como a sí mismo". Así pues, también hay que tener en cuenta que en lo cercano y en lo lejano con la tecnología apenas hay distinción, y alguien puede estar físicamente muy distanciado de una persona a la que ama, pero, a su vez, ofrecerle la posibilidad de poder interactuar y comunicarse entre ellos.

No obstante, no conviene confundir el afecto que surge con el tacto y el olfato con la ilusión producida por rememoración gracias a la digitalización. El propio Walt Whitman (2007) decía: "creo en la carne y en los apetitos, / ver, oír, tocar, son milagros, y cada parte de mí es un milagro. / Divino soy por dentro y por fuera, y santifico todo lo que toco y me toca".

Milagrosamente también, despojados de sensorialidad directa, material, se unen lo cercano y lo lejano en un tiempo único al que hoy el mundo empresarial denomina *24/7/365*: veinticuatro horas, durante toda la semana y los trescientos sesenta y cinco días del año. En este tiempo, dictaminado por el sobreexceso de productividad y consumo, tampoco hay distancia aparente. Así que alguien, instantáneamente, puede atender a otra persona desde las antípodas para mantener una relación comercial, un vínculo amistoso o un nexo de amor.

> La cercanía lleva inscrita la lejanía como su contrincante dialéctico. La eliminación de la lejanía no genera más cercanía, sino que la destruye. En lugar de cercanía, lo que surge es una falta total de distancia. Cercanía y lejanía están entretejidas. Una tensión dialéctica las mantiene en cohesión. Esa tensión consiste en que es justamente lo contrario de las cosas, lo distinto de ellas mismas lo que les infunde vida. Una mera positividad, así como la falta de distancia, carecen de esta fuerza vivificante. La cercanía y la lejanía se medían dialécticamente igual que lo mismo y lo distinto. Ni la falta de distancia ni lo igual contienen vida. Esa falta de distancia, que es propia de lo digital, elimina todas las movilidades de la cercanía y la lejanía. Todo queda de cerca e igual de lejos. (Han, 2017, pág. 16)

Pero, salvo en algunas excepciones, la comunicación digital no tiene por qué ser un sinónimo de unión. Es cierto que en tiempos de pandemia se ha podido observar cómo las personas que han tenido acceso a la tecnología no se han sentido tan solas y han podido mantenerse conectadas con su entorno familiar. También, en diferentes ocasiones, de forma puntual, un padre ha podido estar unido a ese hijo que no ha podido ver por una causa mayor. Un paciente que ha tenido que vivir un proceso de aislamiento ha podido conectarse con el psicólogo o con el médico para poder paliar mejor ese estado de soledad y padecimiento que produce la enfermedad. Dos amantes han podido proseguir su relación, a pesar de la distancia, gracias a la conectividad que producen los diferentes medios digitales. Dos amigos se han podido ayudar para poder pasar mejor un proceso de duelo. O incluso algunos rescatadores han podido mantener contacto directo con aquellas personas a las que tenían que auxiliar de forma instantánea. Y ya.

Pero la instantaneidad, "la velocidad salvadora", ha generado en el ser humano unos apetitos diferentes; y la paciencia ha dado lugar a la ansiedad. La famosa frase de "aquí y ahora", el *carpe diem*, se ha convertido en una forma de vida, pero también ha transformado realmente el sentido de la oración, la esencia del mensaje. Horacio (2016) escribe *Carpe diem quam minimum credula*, siempre teniendo en cuenta que todo ser humano tiene que morir; y aludiendo que había que echar la mirada atrás y darse cuenta de que el hombre es solo eso, un individuo más, y no Dios.

El Senado romano también parecía imponer ese recuerdo a la fugacidad de la vida con el fin de evitar los abusos de poder que resultaran de la desmesura que podría llegar a producir el éxito: *Respicte post te hominem te esse memento*, según el testimonio de Tertuliano (2018); y, en este sentido, también el libro del Eclesiastés, apunta directamente hacia la vanidad, *Vanitas Vanitatis*, advirtiendo que el egocentrismo no es sino un freno de lo material hacia lo espiritual.

> "Vanidad de vanidades —dice el Maestro—, vanidad de vanidades, ¡todo es vanidad! ¿Qué provecho saca la gente de tanto afanarse bajo el sol? Generación va, generación viene, mas la tierra permanece para siempre. Sale el sol, se pone el sol; afanoso vuelve a su punto de origen para de allí volver a salir". (Eclesiastés 1:2-5)

La sobreexposición a la que está sujeto el individuo en una sociedad dirigida por la necesidad intrínseca de grabar todo aquello que se realiza para dejar una huella, un legado personal, retrata al propio individuo que, *post* a *post*, deja patente que solo graba para tratar de permanecer. Lo que da lugar a la consolidación de un mundo banal y transparente en el que el fin no es otro que mostrase a la sociedad, pero ofreciendo únicamente el envoltorio, sin ahondar en la profundidad de los hechos. Sin ir más allá.

> En la sociedad expuesta cada sujeto es su propio objeto de publicidad. Todo se mide en su valor de exposición. La sociedad expuesta es una sociedad pornográfica, todo está vuelto hacia fuera. Descubierto, despojado, desvestido y expuesto. El exceso de exposición hace que todo sea una mercancía. (Han, 2013, pág. 29)

Se trata de una sociedad transparente (2013), amparada por una *muchedumbre solitaria* (Riesman, 1964), que pretende salir del anonimato para permanecer al amparo de las marcas o venderse a los regímenes o gobiernos. Muchos de estos personajes, que nacen del *tuit* y del *post*, son personas vacías y hasta incluso ineptas y que, en algunas ocasiones, han ascendido a diversas posiciones y cátedras, de forma fraudulenta, para impartir doctrina, anatemas y falsas verdades.

A este tipo de falacias autogeneradas por ellos mismos las catalogan como *fango*. Y usan el término para cargar contra la postura o el punto de vista de los demás. La palabra fango se suele usar para "tratar de deshumanizar y deslegitimar al adversario político a través de denuncias tan escandalosas como falsas" (Ayala, 2024). Este concepto proviene de la obra titulada *Número Cero* (Eco, 2015), y en 2024 fue rescatado por un gobernante europeo para tratar de salvarse del foco mediático al que estaba sometido por los escándalos de corrupción denunciados por parte de la prensa de su país.

Eco (2015) en la obra a la que se hace referencia advierte de la manipulación de la prensa y al fraude al que estaba sometida la población con las informaciones que se publicaban en el contexto de su narrativa.

> La obra gira en torno al Domani, periódico ficticio y fallido montado para poner en aprietos a parte de la esfera del poder. Dicho rotativo intimidaba a personajes públicos mostrándoles números ceros -ejemplares de una publicación que no salen a la venta y que sirven como ensayo general de lo que será el producto editorial- en los que aparece información falsa, exhibida como si fuera cierta, sobre aspectos secretos de sus vidas. Un chantaje en toda regla. (Sánchez, 2024)

Otros sujetos que provienen de esta muchedumbre surgen por mera imitación a los primeros, y llegan a alcanzar un excelso posicionamiento social entre toda la maraña de datos y de personas que inundan las redes. Son burdos aspirantes a generadores de eso a lo que los primeros denominan *fango*. En la mayoría de las ocasiones solo alimentan el algoritmo que rige dentro del lugar digital donde hospedan sus grabaciones. No obstante, en todos los casos, graban contenido líquido que va dirigido a una población consumida por el vértigo y por la velocidad a la que circula la información.

Con toda esta narrativa que realizan causan un gran impacto social a una audiencia muy desprotegida, altamente maleable y manipulable, bien por su incapacidad intelectual, bien por sumisión directa hacia las marcas y su mercancía, bien por disponer de poco tiempo, o bien por delegación de pensamiento dentro de una sociedad transparentemente dirigida por la mercancía. En cualquier caso, toda la audiencia, pasiva o reactiva, es utilizada como un instrumento que solo observa y reproduce lo que ve, sin capacidad crítica ni reflexiva. Y sucede lo mismo que acontece con el sexo cuando se desviste de pasión y afecto, que se hace pornografía.

> Todo el contenido que se expone es pura mercancía, una mera publicidad del ser humano mismo, dando lugar a espacios pornográficos en los que el individuo abandona su esencia El porno no solo aniquila el Eros, sino también el sexo. La exposición pornográfica produce una alienación del placer sexual. Hace imposible experimentar el placer. La sexualidad se disuelve en la ejecución femenina del placer y en la ostentación de la capacidad masculina. El placer expuesto ante la mirada no es ningún placer. (Han, 2013, pág. 29)

Así pues, la grabación, que es la que da lugar a la obtención de la evidencia de lo que se ha realizado, ahora queda tan expuesta a la audiencia que incluso llega a sustituir el hecho mismo por la propia acción de grabar por grabar. De reproducir por reproducir. Es decir, por la acción pornográfica.

> Pornografía es el contacto inmediato entre la imagen y el ojo. Las cosas se tornan transparentes cuando se despojan de su singularidad y expresan completamente en la dimensión del precio. El dinero, que todo lo hace comparable con todo, suprime cualquier rasgo de en lo inconmensurable, cualquier singularidad de las cosas. La sociedad de la transparencia es un infierno de lo igual. (Han, 2013, pág. 12)

La conversión de la grabación a cambio de privilegios o de dinero de una actividad de despojo de intimidad a vista de los usuarios de la red de turno es pornografía. Y se hace pornográfico no por el hecho de mostrar grabaciones, escritas o audiovisuales, con el único fin de producir excitación sexual, que también; lo que hace que la evidencia se transforme también en material porno es el hecho de mostrar lo cotidiano -que es la actividad más íntima de la que dispone el ser humano- de forma transparente. Convirtiendo así lo privado en público. Lo exclusivo en popular.

Además, este procedimiento sustituye a la propia actividad, y el individuo queda seducido por lo que graba, visiona o reproduce, a través de un dispositivo, antes que por el hecho en sí mismo que va a realizar. No en vano, se ha podido observar cómo en los conciertos multitudinarios, o en los grandes eventos deportivos, el personal está más atento a grabar desde una máquina lo que ocurre, que a gozar plena y sensorialmente de lo que se sucede. Porque una cosa es grabarlo y otra es vivirlo.

Y es que ese escudo, que se interpone entre el grabador y lo que se graba, es una barrera que merma los sentidos y los vuelve sintéticos, casi neutros, y hace que no se sientan, de forma física y directa, los estímulos que devienen directamente del entorno. Incluso, en otras muchas ocasiones, puede parecer que se sienten por rememoración, aunque no se hayan producido. De aquí deviene un serio problema: creer lo que se siente sin haberlo experimentado, lo que puede suponer que la expectativa sea en sí misma la propia realidad para el que graba.

El escudo, en definitiva, además, podría producir una castración sensorial, ya que realmente la vivencia directa es más impactante que la grabación; y si bien el recuerdo o la imaginación pueden reproducir la realidad, lo hace de manera menos certera. Así las cosas, si no se vive directamente, es difícil entender el entorno en su totalidad. Al menos de forma natural. Y muy posiblemente que de ahí devenga el problema que actualmente existe con la denominada *generación de cristal*, que vive tras la pantalla sucesos que precisan naturalmente de los sentidos para poder asimilar mejor el ecosistema.

Esta generación se diferencia de las anteriores por vivir de forma inmersiva en un mundo artificial. Y se distingue por la velocidad, la inmediatez y por el acceso instantáneo al conocimiento, aunque quede alejado de la reflexión. Una de las características más destacadas es que se trata de una generación "hedonista e indolente, y de creciente frustración ante las expectativas creadas por la exposición a las redes, y al mundo digital" (Nebrera, 2021). Una expectativa que proviene de un mundo castrado de sensorialidad y rendido solo ante el mundo de la imaginación y de sus falsas creencias sintéticas.

La *generación de cristal*, que surge de la sociedad de la transparencia, depende de la evidencia inmaterial, de lo sintético. De la sola evidencia y de su procedimiento. Sin embargo, ocurre lo contrario con el mundo material, porque éste precisa de la seducción para poder entenderse. Bien es cierto que, en ocasiones, esta seducción emprende caminos que son tortuosos y ásperos, incómodos a la razón, pero, por contra, en el mundo actual de la grabación y de la evidencia, el hecho en sí mismo es estéril y neutro, lo que le otorga esa carga moral de que todo lo que se realiza de forma transparente es de todo punto correcto. Al menos política y sociológicamente, y por eso ofrece al interlocutor una mayor sensación de libertad y manumisión. Pero esa falsa libertad está revestida de una positividad estéril, porque "las cosas se hacen transparentes cuando abandonan cualquier negatividad, cuando se analizan y se allanan, cuando se insertan sin resistencia en el torrente liso del capital de la comunicación y la información" (Han, 2013, pág. 11).

Las generaciones anteriores a la actual se han servido de la grabación de la escritura como medio de transmisión de emociones, y la pausa que da la propia caligrafía ya les generaba la reflexión. Porque se puede conocer el estado anímico de la otra persona si observamos la manera en la que dibuja cada oración, cada palabra, cada letra. Si bien es cierto que mediante la escritura digital podemos conocer también el estado anímico de una persona; en el proceso creativo de la escritura, la conexión de diferentes regiones del cerebro es superior cuando se escribe a mano que con el ordenador (Van der Weel & Van der Meer, 2024). Por lo tanto, la acción de grabar ha sido diferente en las distintas épocas.

El medio digital es más etéreo que el empleo del género epistolar, por ejemplo. La caligrafía pertenece al estado físico, a lo corporal. Y los alfabetos digitales son casi idénticos y, en muchas ocasiones, arrebatan al humano la posibilidad del simple hecho de tocar a un ser vivo cercano para llegar a pensar en él de forma idealizada. "Tocar con la imaginación" a alguien que está lejos, tanto en la distancia como en el plano espiritual, nunca va a poder "reemplazar la proximidad y la lejanía por la falta de distancia" (Han, 2017, pág. 85). Las nuevas generaciones digitalizadas se han criado en un universo de convergencia donde lo real y lo recreado electrónicamente muchas veces forman una misma cosa. Y esto es un serio contratiempo que va contra la propia esencia del ser vivo. Uno de los ejemplos más inmediatos es el de la realidad aumentada y el de las campañas que se están realizado en publicidad exterior, ya que pueden llegar a desubicar al individuo de su propio ecosistema natural.

Desde hace siglos, los anunciantes han estado desarrollando su actividad en las calles, en las plazas o en los espacios de acceso público; y existen dos factores fundamentales a la hora de atender esta cuestión. El primero es cuantitativo, ya que los anunciantes sabían que, si colocaban el mensaje publicitario en una ubicación de alta accesibilidad, su oferta podría ser demandada por un grupo más amplio de personas. El segundo es el cualitativo, que significaría el deseo permanente del individuo de recibir mensajes que lo cautiven y lo seduzcan. En este sentido, el *storytelling* (Polleta, Chen, Gardner, & Motes, 2011) ha desempeñado un papel fundamental en la narración del mensaje, tanto en su contenido como en la forma de expresarlo. Y de aquí surge la interacción entre el individuo y su entorno cercano, que ya no es en el que habita, sino también el que pertenece a la imaginación. El DOOH marketing (Lavilla & Ayestaran, 2023) -la publicidad exterior digital- se genera por medio de la *gamificación* y de la *realidad virtual, aumentada, mixta* y 360 (Sanchez Franco & Lavilla, 2022). Como se observará más adelante, esta tecnología ayuda a converger ambos mundos, físico y virtual, en un mismo espacio; y mientras se está visitando un lugar material y concreto, también puede surgir de él un nuevo mundo repleto de personajes y de objetos inmateriales capaces de llegar a distorsionar el pensamiento humano.

Se trata pues de que, en muy poco tiempo, todo lo que generaciones anteriores venían haciendo de manera unidireccional y presencial, ahora se requiere bidireccionalidad y onmipresencialidad. Es decir, que en el mismo espacio se puede interactuar con otros lugares diferentes al propiamente físico y que, además, ese mismo lugar material a veces puede variar digitalmente y convertirse en otro gamificado, ludificado, y creado en muchas ocasiones a imagen y semejanza no solo de las propias marcas, sino también de los consumidores.

Por todo ello, sería muy lógico pensar que esta nueva generación vive en un metaverso de muchas veces difícil comprensión, lo que puede originar trastornos físicos y mentales al propio individuo. A este hecho se le debe añadir el rendimiento personal, sobre todo aquello que realiza cualquier persona conectada. Un rendimiento medible bajo unas normas de productividad cada vez más exigentes. Y no solo hay que mencionar esta actividad de manera empresarial, sino que la exigencia también se contabiliza en el ámbito personal.

La era del dato ha sustituido a la duración. Antes la productividad podía medirse también en términos empresariales y personales, pero sin tener que elevarlos a lo público, ni ser evaluados por desconocidos mediante datos extraídos de plataformas de cristal a la vista de todos.

Justamente el dato público trasforma al ser en un compuesto binario. Lo descompone con más sutileza que un bisturí de precisión y lo deja a merced de la audiencia; y no se habla de un coliseo, como en tiempos del Imperio Romano, porque en un estadio no cabían todos. En Instagram, potencialmente, sí. Es justamente por eso que la herida ni siquiera le pertenece, porque este fenómeno del dataísmo, que "disuelve el cuerpo en datos, lo conforma a los datos" (Han, 2016, págs. 27-28), se ha apoderado del él.

El individuo, que cada vez está más sobreexpuesto, más cansado, parece que ha perdido su esencia. Debido a ello, la también hoy denominada *sociedad del rendimiento*, hecha de datos públicos, es una sociedad activa y el entorno "está convirtiéndose paulatinamente en una sociedad de dopaje [...]. Y el dopaje en cierto modo hace posible un rendimiento sin rendimiento". (Han, 2020). Porque el cansancio que produce el rendimiento "es un cansancio a solas, que aísla y divide. Corresponde a lo que dice Handke en el *Poema a la duración* (2019), al que denomina como un cansancio que separa" (Han, 2019, págs. 67-68), ya que deja al individuo exhausto por la diversidad de tareas fútiles y frívolas que debe hacer; y le deja a merced, y al descubierto, para ser evaluado por seres también exhaustos y agotados. Rendidos como él.

En el *Poema a la duración*, el propio Peter Handke (2019) expone que "el cansancio desnuda al hombre". Y tanto el ser humano como las cosas que hace y representa son cansancio. Así pues, el individuo pasa de la cualidad y la virtud a un cuerpo marchito que no mira, y deja la vida en manos del letargo de lo inerte. Se comporta como un objeto más. Y en toda la obra llega a mostrar la importancia de la infinitud del instante para saber vivir plenamente con uno mismo para poder vivir con los demás.

> *Estando en lo que hago,*
> *aquello que para mí es algo querido y lo fundamental,*
> *impidiendo de este modo que prescriba,*
> *tal vez entonces sienta,*
> *y solo de una forma inopinada,*
> *el escalofrío de la duración;*
> *y será siempre en lo accesorio,*
> *cerrando una puerta sin hacer ruido,*
> *montando cuidadosamente una manzana,*
> *atravesando con atención un umbral,*
> *agachándome a coger un hilo de coser.* (Handke, 2019, pág. 41)

Lo fundamental para Handke aquí, y en toda esta obra, es la duración. La importancia de los hechos cotidianos más nimios que provienen del aquí y el ahora. Pero entendiendo el *carpe diem* como la capacidad de otorgar valor al gesto más mínimo. Porque estar en lo que se hace es vivir en lo bello como fin para obtener la salvación.

CAPÍTULO 3

Prosumer

En la literatura universal se han escrito infinidad de distopías. Muchas de ellas con la mirada puesta en la actitud del humano ante la tecnología. Porque la victoria de lo sintético proviene de un conflicto previo también en la ficción. Una guerra, una pandemia, una desgracia natural. A partir de un contexto desfavorable, el uso tecnológico aumenta, dejando al hombre a merced de su propio destino. Ese al que previamente se abrazó con la excusa de maximizar su tiempo, disminuir su carga de trabajo o, simplemente, aumentar sus periodos de ocio y de descanso para poder, en teoría, vivir mucho mejor. Pero muchas veces la ficción, que bien pudiera ser la antesala de la realidad, tampoco suele terminar bien. Y el humano también queda sometido a su propio desarrollo.

En la obra *1984* (Orwell, 2006) su protagonista, Winston Smith, trabajaba en el Ministerio de la Verdad, y estaba al tanto de todas las publicaciones y de la propaganda del Partido para garantizar que solo existiera una versión del pasado. La televigilancia del Gobierno fue incesante, llegando a hacer desaparecer todo aquello que generase algún impedimento para que el Gran Hermano dominara, de principio a fin, una sociedad dormida y hechizada por la conjura tecnológica. Porque la tecnología embelesa tanto al humano que le hace no cuestionar nada, y aquello que dictan las pantallas lo reconoce como una verdad categórica y absoluta. Lo mismo ocurre con otras obras como *Yo, Robot* (Asimov, 2009) en donde una inteligencia artificial se apodera de las conductas humanas para dominar un mundo entregado a la robótica.

CAPÍTULO 3

Metrópolis (Wilson, 2022), *Fahrenheit 451* (Bradbury, 2021), *Un mundo feliz* (Huxley, 2008), *Los juegos del hambre* (Collins, 2014), *Divergente* (Roth, 2022), *Ready Player One* (Cline, 2012), *Apocalipsis* (King, 2003) o *V de Vendetta* (Moore, 2024) son algunos ejemplos más de narraciones en las que parece que el futuro está mucho más cerca de lo que el prosumidor pueda soñar. Porque la imaginación y la realidad son, como se ha dicho con anterioridad, términos inseparables. Van de la mano y no se pueden disociar.

Una de las distopías más actuales, y más representativas de la realidad social, y por supuesto del individuo como eje del relato, es la novela *Rendición* (Loriga, 2017). El entramado no es muy diferente a lo anteriormente expuesto. Un grave contratiempo, en este caso una guerra, hace que emigren unos supervivientes hacia un lugar aparentemente seguro. Pero el protagonista de la obra, cuando logra llegar a un destino que a todas luces podría resultar salvador, se encuentra ante sí con una inmensa ciudad de cristal en la que cualquier cosa es susceptible de ser observada. En un lugar donde no hay secretos porque es transparente. Pero lo curioso del hecho en sí no es solo que se puedan ver unos a otros, que también, sino que el material con el que está hecho todo ese lugar transparente proviene de excrementos humanos.

La novela en sí misma es una gran alegoría del entorno en el que se encuentran los protagonistas, y su autor emplea la metáfora como analogía de la pura realidad. En este caso, la construcción de la propia ciudad transparente, elaborada a base de heces, trata de ofrecer el estado decadente en el que se halla el individuo. Y manifiesta que aquello que construye no es otra cosa que un no lugar despojado de toda identidad no solo por su propia intención -la de controlarse unos a otros-, sino por el material con el que está forjada toda su realidad, que no es más que pura excreción humana.

En cierto modo la nueva generación, curiosamente denominada "de cristal", está compuesta de personas que tienen tanta ansia de encontrar el placer que se pierden en el intento de vivirlo. La insatisfacción que les produce el espacio tecnológico es un mal constante y diario, y el lugar donde les ha tocado vivir es tan obsceno como amoral por la sobregrabación en la que andan inmersos. Y no es responsabilidad solo suya, no; sino que también es de aquellos que consintieron previamente y dieron por bueno aquello que estaba lejos de la honestidad.

A este nuevo rol, interpretado por el ciudadano tecnológico, se le denomina *prosumer* o *prosumidor*, y se trata de un individuo que no solo escucha, sino que reacciona y conversa públicamente, sin medir en muchas ocasiones lo que dice, publica y graba en una nube infinita de datos. Este término se utilizó por primera vez en *La Tercera Ola* (Toffler, 1980). El autor, anticipándose a lo que estaba por venir, vaticinaba una relación entre el cliente y la empresa de forma diferente y bidireccional. Así las cosas, el nuevo consumidor, según Toffler (1980) iba a ser un sujeto con una vinculación directa con los productos o servicios de las marcas que estaba consumiendo. De esta forma, existiría más implicación -hoy llamado en marketing *engagement*- entre la empresa y el usuario final, y todo aquello que realizara la marca habría contado con la opinión de su cliente. Por lo tanto, el éxito de todos los productos o servicios que lanzara al mercado estaría asegurado. Es más, incluso aquellos ya existentes, y con los que no se hubiera contado con su opinión de forma directa, podrían ser catalogados como susceptibles de ser mejorados por los propios usuarios. Al realizar esta acción, el cliente se convertiría en prescriptor y ayudaría a la empresa no solo en su estrategia de fidelización a la marca, sino que la favorecería activamente en su estrategia de captación.

Dicho y hecho. Lo que dijo Toffler en buena medida se cumplió. Porque hoy en día, millones de clientes operan, bien desde las plataformas multimedia de las propias empresas, bien desde espacios digitales virtuales dirigidos al gran público, para ofrecer una su visión sobre el producto o el servicio que consumen. Lo hacen bidireccionalmente, sin apenas estímulo por parte de la empresa a la que publicitan. Y esa actividad ya se ha asimilado como un quehacer diario más entre una maraña de acciones que se pierden en el vacío de la red.

El término *prosumer* -prosumidor- suma las palabras productor y consumidor y se trata del usuario que además de consumir contenido, se encarga de producirlo y compartirlo (Jordan, Samaniego, & Arias, 2017). El prosumidor produce información o contenido debido a las nuevas exigencias de la actualidad digital y busca influir socialmente. Estos sujetos representan el *boom* más importante desde los tiempos de la revolución industrial. Y en este caso, y en este tiempo, este rol puede llegar a ofrecer un mensaje individualizado y capaz de ser segmentado entre la audiencia. (Jordan, Samaniego, & Arias, 2017)

En este sentido, también cabría citar el perfil que tiene el *influencer* (Gomez Nieto, 2018) dentro de las redes sociales, que es un prosumidor más avanzado. Y lo es no solo por la cantidad de seguidores que tiene en sus perfiles, sino también por la cantidad de herramientas digitales que utiliza para hacer llegar su mensaje de una manera más inmediata y a una audiencia más amplia. En este sentido, este rol social, que pretende monetizar su acción creativa, tiene como principal actividad adaptarse al algoritmo de las redes en las que interactúa y generar un contenido que, aparentemente, puede ser muy atractivo para sus seguidores, pero que, a su vez, en muchos casos, podría dar como resultado la gestación de mensajes carentes de rigor, ya que suelen estar muy poco elaborados informativamente hablando. Otra de sus características fundamentales es que maneja múltiples plataformas para crear y viralizar contenido. Lo hace como método de optimización del tiempo con el objetivo de que el algoritmo al que está sujeto no le penalice y poder así posicionarse mejor en todos los lugares digitales en los que interactúa de manera óptima y notoria. Porque la notoriedad es uno de sus objetivos fundamentales para este tipo de rol. Y con el fin de alcanzar esos objetivos lo más rápido posible necesita adaptarse a los tiempos, a los formatos y a los algoritmos que rigen los *sites*.

Las empresas, conocedoras de la repercusión social que tiene este tipo de perfiles, mantienen diferentes estrategias para tratar de cautivar más a una audiencia entregada al contenido líquido que se ofrece en las redes y emplean diferentes acciones de marketing para generar ganancia.

Una de ellas sería el *crowdcasting* (Park, Lee, & Lee, 2013). Con esta acción las compañías tratan de atraer al cliente haciendo que se sientan salvadores de sus propios proyectos. De esta forma, se genera un sentimiento de arraigo y pertenencia a la marca profundo ya que, al ayudarles a obtener la solución a un problema interno, el vínculo entre ambos interlocutores sería más profundo. Es este sentido, por ejemplo, una empresa podría plantear un problema a los prosumidores y, quien antes lo resolviera, recibiría un premio, que podría ser económico o incluso virtual.

Otra de las formas de generar *engagement* sería el uso del *crowdcollaboration* (Oliveira, Schneider, Moreira de Souza, & Rodrigues, 2015). En este caso, la marca podría proponer un conflicto a resolver como anteriormente. No obstante, ahora, en esta situación, en esa crisis a resolver, los individuos estarían solos y la organización quedaría en un segundo plano, sin interactuar de forma directa. Para llevar a buen puerto este proceso la compañía podría contar con dos acciones: el *crowdstorming* (Bernales, Cruz, & Cruz, 2022) o el *crowdsupport* (Joy, Cheng, & Michael, 2014). En el primer caso, la dinámica sería la utilización del *brainstorming* (Furnham, 2000), para que los prosumidores dejen sus comentarios a fin de poder ayudar a la empresa a la hora de encontrar ideas para solucionar un conflicto. En cuanto al segundo caso, el del *crowdsupport*, los prosumidores actuarían como una especie de salvadores de todos los demás, dando paso a un exceso de motivación por sentirse útiles y respetados por parte de toda la comunidad. Porque serían ellos quienes solucionarían las dudas o problemas de todas las personas que integran la plataforma. De esta forma, la empresa siempre ganaría. Y no solo por interactividad, sino porque reducirían costes. No haría falta un departamento postventa si quisiera generar *outsourcing* (Mora & Schupnik, 2009) para tener atendido este fin, porque ya se encargarían de manera altruista los propios usuarios de atender a los demás y tenerles contentos, satisfechos con la misma acción de dar soporte a los usuarios de la plataforma. También serviría, por ejemplo, para proponer una nueva idea. En tal caso, si se pretendiera crear un nuevo guion para una serie, los propios usuarios podrían ser los abastecedores de ideas para los propios creadores y así, además, escucharían activamente al mismo público que, en principio, le guarda fidelidad a su producción.

Otro nivel de participación sería el *crowdcontent* (Sujeong, Aniket, & Dinesh, 2015). En este caso, la comunidad propia generaría contenido líquido diferente para abastecer toda una red social como *Instagram* o *YouTube*, por ejemplo. No se trataría de hacer una competición entre los usuarios, como sucedería en el *crowdcasting*, ya que cada miembro de esa red social se encargaría de elaborar, de forma individual, contenido que incluso no sería de su propiedad porque lo cedería a la propia plataforma para poder ser visualizados por terceros. En el caso del *crowdproduction* (Sujeong, Aniket, & Dinesh, 2015), el prosumidor elaboraría contenido a partir de otro elaborado por terceros, como por ejemplo intervenir en traducciones de textos cortos o etiquetando imágenes para poder ayudar a las demás personas a entender mejor el contenido ofrecido dentro de la plataforma.

En lo que respecta al *crowdsearching* (Hannes, 2023), los prosumidores buscarían contenidos en otros sitios de la red y lo revisarían para dar validez a lo que se está publicando. Se trataría de una revisión por pares -*Peer to Patent Review*- (Bestor & Hamp, 2010), tal y como sucede, por ejemplo, en las revistas científicas. De esta forma, se garantizaría la calidad de cada una de las publicaciones que se realizaran dentro del *nodo* (Adell & Bellver, 1995).

El siguiente ejemplo de retroalimentación con la comunidad vendría dado por el *crowdanalyzing* (Stoyanovich, Jacob, & Gong, 2015). Y en esta ocasión se diferencia del *crowdsearching* porque la búsqueda ya no se realizaría en internet, sino en una *intranet* (Talledo San Miguel, 2015), o bien en una nube de documentos multimedia generada *ad hoc*. En este sentido, se podría crear una plataforma para llegar a conocer un sinfín de datos a los que se tendría acceso, pero no la suficiente fuerza productiva para llegar a abordarlos. Buena muestra de ello sería un escándalo de corrupción política. Muchas veces el periodista cuenta con demasiada información para poder atender a todos y cada uno de los escándalos que se conectan entre sí. Pero, con una plataforma en donde esté todo el material disponible -emails, contactos, mensajes instantáneos, archivos de voz, denuncias, sentencias judiciales, etc.-, cada periodista podría tirar de los diferentes hilos que fueran surgiendo de esa investigación, y se conocerían nuevos escándalos o se conectarían los que ya existen entre sí. Máxime teniendo en cuenta que cuando hay corrupción política o en los negocios es muy fácil que haya implicación en todos los frentes.

Un caso más de colaboración social podría ser el denominado *crowdfunding* (Sánchez Riofrío & Palma Reyes, 2018). Aquí, cualquier prosumidor, una empresa o una institución podrían encontrar financiación para elaborar un proyecto a cambio de una recompensa, que incluso podría ser emocional. Existen muchas plataformas que ofrecen su espacio para que los usuarios inserten su anuncio a fin de recaudar dinero para sacar adelante una acción comercial o personal. Por ejemplo, se crean anuncios para ayudar a personas a alimentar a un perro guía, para la comercialización de un libro, para exponer una obra de arte, para realizar un cortometraje e incluso para establecer acciones emocionales con hinchas del deporte. Los fans del Atlético de Madrid, en España, por citar uno de los ejemplos más seguidos por internet, elaboraron una acción *crowdfunding* para erigir una estatua a uno de los jugadores y entrenadores más emblemáticos de su club, Luis Aragonés. En este caso los dirigentes del club no querían tomar partido para hacer una estatua a una de sus leyendas y dejar atrás a tantas otras. Por eso, dio paso a que existiera una iniciativa popular para realizar este proyecto. De tal forma que la gestación de la idea quedaba en manos de terceros, aunque el club apoyara la iniciativa. Finalmente, la acción *crowdfunding* tuvo su efecto, se erigió la estatua a Luis Aragonés y los prosumidores involucrados recibieron un diploma y una moneda acreditativa de que ellos actuaron en esa acción concreta. Así las cosas, ya habría un vínculo emocional y afectivo con la propia acción de dar fin a un proyecto que, realizado de otra forma, hubiera costado no solo dinero, sino que podría haber suscitado celos o polémica con otras leyendas que se sintieran que también podrían merecer un homenaje como ese.

Finalmente, otra de las acciones colaborativas podría ser el *crowdopinion*. Los prosumers en este caso podrían dar su visión al hilo de conocer diferentes informaciones publicadas o poner a la vista de una parte o de todo el público productos o servicios que podrían ser comerciados. De esta manera, antes de sacar un producto al mercado se podría saber su grado de éxito. En el caso de algunos periódicos *online*, ponen este servicio de opinión de la información que vierten en sus plataformas no solo para conocer lo que piensan sus usuarios, sino para dar más páginas vistas en su sitio *web* (Adell & Bellver, 1995) o simplemente para saber el grado de interacción que producen las diferentes noticias u opiniones que nutren al *nodo*.

Aunque los niveles de participación de cada uno de los prosumidores son diferentes. No todos se implican de la misma manera. Ello puede ser debido a la edad, a su poder adquisitivo, a su nivel de estudios, al lugar donde hayan nacido o al país al que pertenezcan, con todos sus condicionantes económicos, políticos, culturales y sociológicos.

En este sentido habría que recurrir al término *brecha digital* (Alva de la Serna, 2015) para tratar de entender que esta "nueva desigualdad" proviene de los últimos años del siglo XX y tiene dos escisiones. La primera es la *brecha geográfica*, que viene establecida por el lugar en el que cada uno haya nacido o se esté relacionando. No es lo mismo vivir en Estados Unidos, por su potencialidad de uso en cuanto a sus infraestructuras, por su acceso tecnológico o por cuestiones económicas -ya que se estima que la mayor parte de la población suele tener la suficiente capacidad económica para disponer de conectividad- que vivir en alguno de los países de difícil acceso tecnológico. La segunda es la llamada *brecha interpersonal*, que surge entre dos individuos de una misma población, pero provenientes de diferentes generaciones. No es lo mismo ser un nativo digital que una persona que pertenezca a una generación que no ha tenido que usar nunca tecnología para desarrollar su trabajo o socializar con otras personas a través de instrumentos digitales.

Pero, potencialmente, todas las generaciones que viven en lugares donde no se les impide el acceso tecnológico por razones de edad, raza, sexo o estatus social, es decir, todos aquellos que viven en un lugar regido por la igualdad de derechos y oportunidades, pueden intervenir en este proceso de intercambio de información bidireccional. No obstante, por cuestiones obvias, y como se ha mencionado al inicio, unas generaciones están más conectadas que otras. Y, aunque esa *brecha digital* se va estrechando cada día, como en su momento también la *brecha alfabética* (Murillo & Duk, 2020) fue descendiendo entre la población a medida que los avances sociales, económicos, técnicos y culturales fueron afianzándose globalmente, todavía esta ruptura tecnológica y social sigue existiendo, aunque vaya en retroceso según se ha podido observar en apartados anteriores.

No obstante, conviene realizar un mapa generacional, con el objetivo de conocer el estado en el que se encuentran los diferentes individuos para saber, en términos generales, su contexto social.

Ilustración 1: Generaciones desde 1900 hasta hoy.
Fuente: Laura Jurkowski (2020) y elaboración propia.

En la ilustración primera se observa la escala cronológica de cada una de las diferentes generaciones hasta llegar a nuestros días. Y son las siguientes: *Generación Interbellum Generación Grandiosa, Generación Silenciosa, Babyboomers, Generación X, Generación Millennial o Generación Y, Generación Z*, y, por último, la *Generación Alfa* (Hedayati, 2021).

En lo que respecta a la *Generación Interbellum* (1900-1914), sería la primera en el tiempo a la hora del análisis. Es un término que deriva del latín "entre" y "guerra". Menciona a todas las personas nacidas en los diez primeros años del siglo veinte. Fue en su momento una generación demasiado joven para combatir en la *Primera Gran Guerra* y, a posteriori, demasiado envejecida para lidiar la *Segunda Guerra Mundial* (SGM). Vivieron con gran protagonismo la década más feliz que se conoce en el siglo XX, y también tuvieron que hacer frente al *Crac del 29*. Una de las características que identifican a este tipo de individuos podría ser que fueron personas resquebrajadas por la realidad social que les tocó vivir y con ideales no del todo sólidos. Justamente por ello, económicamente tuvieron momentos de demasiado auge y también fueron protagonistas de una crisis excelsa. Por este motivo, fueron personas con tendencia a la acumulación y también a ser esclavos de su trabajo.

La *Generación Grandiosa* (1915-1925) también vivió los efectos de la *Primera Guerra Mundial*. Vivieron más intensamente la época de bonanza económica, pero también de la misma forma fueron partícipes del declive económico internacional. Del mismo modo que la *Generación Interbellum*, fueron personas de alta productividad, con una moral rígida y dotados de una fuerte disciplina. Sus principales valores fueron que estuvieron muy arraigados a su familia y que les tocó lidiar con un clima de gran adversidad.

La *Generación Silenciosa* (1926 y 1945) fue testigo directo de la *Gran Depresión*, de la época de entreguerras y vivieron en primera persona la *Segunda Guerra Mundial* en plena juventud. Se caracterizan por ser personas con una fuerte tendencia a la obediencia y a acatar la autoridad. Y se les acusa de ser demasiado conformistas con su entorno social y económico.

Los *Babyboomers* (1946-1964) son una generación que se crio justamente después de la *Segunda Guerra Mundial*. Se les llama así porque, tras la contienda, hubo una tasa de natalidad bastante elevada. Se les otorga una influencia muy directa en el ámbito de la cultura y también en el de la sociedad, la política y la economía. Con ellos nacieron los primeros derechos sociales.

La *Generación X* (1965-1980) vivió el período de la *Guerra Fría* y la *crisis energética* y fueron protagonistas directos de los grandes avances tecnológicos. Suelen decir de esta generación que posee una mentalidad pragmática y resiliente y, sobre todo, que vive tensionada política y socialmente. Esto probablemente sea por los constantes conatos de guerra nuclear a los que estaban sometidos. También que se les califica de ser una generación independiente, adaptable a un mundo cambiante y abierta a las tecnologías.

La *Generación Millennial* (1981-1996), o *Generación Y*, surge justamente en la transición tecnológica y ya han vivido la modernidad en primera persona.

Su enfoque cultural es muy abierto y están muy apegados a los avances de los derechos sociales. Según se desarrollará más adelante, son los principales protagonistas del cambio de paradigma.

La Generación Z (1997-2012) nació en pleno "boom de internet", y vivió en primera persona todos los avances tecnológicos de la *Web 2.0* (Dans, 2007); por lo que las redes sociales son una constante en su vida. Poseen, además, una mentalidad global elevada y son capaces de conectarse y operan en diferentes entornos multiculturales.

La Generación Alfa (2013-), también nativa digital, ha crecido con la apertura tecnológica hacia la globalización total, y se está criando en medio de una comunicación interpersonal que tiende a la lejanía a pesar de su accesibilidad inmediata a los medios tecnológicos y de transporte. Puede tender a ser una generación distante, pero al mismo tiempo omnipresente por la sobredigitalización a la que están sometidos desde su crianza.

De entre todas las anteriores, en la actualidad hay una que está empezando a tener más influencia en los demás, y se trata de la generación *Millennial*. Esto es debido a su entrada directa y definitiva en la sociedad de consumo. Actualmente, es el cliente tipo de gran parte de la industria mundial. Son las personas que, si no se han comprado una vivienda, viven en alquiler y son protagonistas directos del mercado inmobiliario. La mayoría ha terminado sus estudios universitarios y de posgrado y, si no han estudiado, ya ejercen como profesionales en el mercado laboral.

Para medir el impacto de esta generación se elaboró una encuesta a cerca de dos mil seiscientos *consumidores millennials* de Estados Unidos con un ingreso familiar anual de al menos 250 y 350 mil dólares y con un patrimonio neto familiar de más de un millón de dólares. También en esta encuesta se tuvieron en cuenta a un subconjunto de la *Generación X y Babyboomers* ricos con el objetivo de buscar un efecto comparativo entre las diferentes generaciones. El informe tiene bastante interés sociológico, puesto que los referentes en el sobreconsumo suelen ser las personas con mayores ingresos y que pueden gozar de una posición más alta a fin de ser emulados y, así, gracias a la imitación sobre el consumo de productos de alta gama, aparentar que se está dentro del sistema.

Este tipo de estudios tienen relevancia sociológica porque son los que llevan las riendas del efecto espejo en el consumo, ya que dirigen a los demás usuarios que potencialmente pretenden alcanzar un estatus social elevado. Y tratan de dar forma a los eslóganes más efectivos de la sociedad de consumo actual. Los popularmente conocidos como *way of life* y *all your dreams can true*. Todos los sueños se pueden conseguir siguiendo un estilo de vida. Así pues, el informe *Worth's Millennial Mindset Report: How Wealthy Millennials Earn, Invest, and Spend*, realizado conjuntamente por *BCG* y *Worth Media Group* (2023), da algunas claves de gran interés para conocer qué deparará el futuro más inmediato a la sociedad actual.

La primera clave es que, para la mayoría de los *millennials* con un buen volumen de ingresos, mantener un estilo de vida saludable es esencial (89%) y les gusta invertir en sí mismos (87%). Estas actitudes se reflejan en su gasto: en los últimos 12 meses, más de dos tercios (68%) han invertido dinero en salud y bienestar, por encima de cualquier otro tipo de servicio o producto.

La segunda clave es que la compra de automóviles ha sido una prioridad en el periodo en el que se llevó a cabo el estudio para los *millennials* ricos y, en los últimos doce meses, comprendidos en este informe, solo el 42% de ellos han adquirido vehículo, teniendo en cuenta que la mayoría de los encuestados (72%) ya tiene al menos un automóvil en propiedad.

La tercera clave, que deviene de este estudio, es que la filantropía es una motivación para ellos, teniendo en cuenta que sus referentes son los grandes magnates. Y estos ofrecen ostentosas donaciones, bien para ser valorados socialmente, bien para no tener que excederse en el pago de impuestos, o de ambas cosas a la vez. En los últimos doce meses, solo el 24% de los *millennials* ricos afirmaron haber donado dinero a organizaciones filantrópicas. Por el contrario, los que no habían aportado afirmaron preferir dedicar su tiempo y habilidades a estas causas en lugar de su dinero (44%), lo cual fomenta una conexión aparentemente más profunda y práctica con las organizaciones que apoyan. Además, de esta forma, pueden visibilizar las acciones de ayuda en sus diferentes redes sociales y colmarse de gloria y fama social gracias a la grabación.

El informe también analiza las similitudes y las diferencias entre los *babyboomers*, la *generación X* y los *millennials*, y constata que la riqueza proviene principalmente del espíritu emprendedor. Además, los encuestados de todas las generaciones dieron mucha importancia a sus inversiones, a su salario y a su trabajo cuando se les preguntó cómo habían construido su patrimonio neto. El 41% de los *millennials*, en comparación con el 18% de la *generación X* y el 15% de los *babyboomers*, citaban la propiedad de una empresa como la fuente de su riqueza. Lo que deja entrever que el emprendimiento está siendo una vía muy explorada quizá potenciada por la viralización de la actividad que realizan con contenido audiovisual dentro de las redes sociales.

Otros datos que llaman la atención es que gastan más en experiencias que en artículos de lujo. Sobre todo, porque las experiencias pueden comunicarse y ofrecer más directamente la forma de vida y el cumplimiento de los sueños. En los últimos doce meses analizados en el estudio, más del 50% de los *millennials* compraron experiencias (hoteles, viajes en avión, etc.). Sin embargo, los *babyboomers* y los miembros de la *generación X* tienen una probabilidad del 20% al 25%.

Por otro lado, los *millennials* priorizan los productos de alta gama. En los últimos doce meses analizados en el estudio, el 63% de los *babyboomers* y el 50% de la *generación X* compraron artículos de lujo; el 55% adquirieron joyas (frente al 41% y al 33% de los *babyboomers*), y el 48% consumieron relojes (frente al 31% y al 30% de los *babyboomers*).

Por último, y como colofón, los resultados sostienen que es una prioridad para ellos administrar sus propias inversiones. En comparación con el 53% de la *generación X* y el 36% de los *babyboomers*, la mayoría de los *millennials* (69%) prefieren administrar sus inversiones por sí mismos sin la ayuda de un gestor patrimonial. Y el capital privado (63%) y las criptomonedas (62%) están entre los activos alternativos que los millennials ricos invierten de manera más diversa.

Todos estos datos dejan de manifiesto que el *prosumer millennial*, tiene unas características muy particulares. Manejan tecnología de manera muy notable y conocen bien las herramientas que les permiten comunicar su actividad de manera inmediata. También son expertos en la multitarea y son personas mejor preparadas académicamente que las generaciones anteriores porque han tenido más oportunidades que ellos. Asimismo, les encanta el mundo experiencial y lo evidencian y lo graban de manera constante en las redes sociales, y son personas que anteponen lo global a lo local y tienen un alto nivel de exigencia con ellos mismos y con los demás.

Todo esto ofrece una perspectiva del *millennial* poco afable a vista de todos. Algunos gurús, como es el caso de Simon Sinek, experto en la *sociedad del talento* (Drucker, 2002), hablan sin tapujos de una generación cómoda, poco responsable, muy dependientes de la tecnología, demasiado impaciente y muy influida por su entorno. Simon Sinek (2018) manifiesta que es una generación que quiere las cosas de manera instantánea, sin tener en cuenta que para conseguir un impacto social personal y empresarial se precisa de tiempo. Por ese motivo, si no consiguen el efecto deseado, en el tiempo que ellos consideran adecuado, se estresan y llegan a enfermar metal y físicamente. Para Sinek (2018), además, esta generación es una *generación de cristal*, tal y como se ha mencionado con anterioridad, puesto que les afecta demasiado el entorno. Su nivel de autoestima es muy cambiante y depende del impacto de sus publicaciones y la visibilidad de su contenido. También son demasiado dependientes de la tecnología, llegando incluso a necesitarla a niveles extremos porque están enganchados a ella, justo como lo está el yonqui a sus dosis de heroína. Mantienen una relación de dependencia muy estrecha con la dopamina. Dependen de las pantallas para generarla, y se olvidan de la felicidad como concepto natural que viene de lo cotidiano, de la duración, como exponía Handke (2019).

De esa búsqueda de felicidad instantánea y a la carta, acontece el problema social de los prosumidores, pero no solo de los millenials. Daniel Gilbert (2006), en su obra *Tropezar con la felicidad*, deja patente este problema social. Porque la búsqueda de la felicidad por la vía rápida, o por la puerta de atrás, no deja de ser uno de los mayores errores en los que ha caído una y otra vez la humanidad. Y se ha visto acrecentado ahora por la tecnología y su instantaneidad.

Para hacerse una idea del problema, el propio Gilbert (2006) distingue entre la *felicidad sintética* y la *felicidad natural*. Mientras que la primera versa sobre lograr algo que se propone como meta personal, como conseguir un buen trabajo, casarse, realizar un viaje u obtener un reconocimiento a base de *likes*; la segunda, la natural, sería un estado de ánimo en sí mismo capaz de llegar a modificar los malos momentos emocionales causados por lo sintético.

Así las cosas, el individuo está apegado al bienestar constante porque, de una u otra forma, lo sostiene gracias a su dosis diaria de dopamina inyectada directamente desde el dispensador que lleva de manera constante en la palma de su mano. ¿Pero, qué o quién ha hecho que el propio ser humano caiga en esta trampa tan perversa? ¿Ha sido el ser humano?, ¿la propia tecnología?, ¿ambas cosas a la vez?

El avance del *neuromarketing* (Lee, Broderick, & Chamberlain, 2007) podría ser una de las claves. Porque conocer mejor el cerebro del hombre quizá haya sido la última trampa mortal. Por ejemplo, dentro de este ámbito de estudio, se ha podido explorar de manera más directa el cerebro. La *neuroimagen* (Parra-Bolaños, 2015), por citar uno de los adelantos técnicos más significativos, ha progresado tanto que los neurocientíficos ahora pueden investigar directamente la frecuencia, la ubicación y el momento de la actividad neuronal a un nivel superlativo y sin precedentes. Y gracias, o por culpa de ello, se ha instalado el neuromarketing dentro del mundo de la comunicación. El *análisis emocional*, el *Eye Tracking* (Białowąs & Szyszka, 2019), el uso de *Biosensores* o el *Electroencefalograma EEG* (Vega Camacho, 2016) han generado un conocimiento tan profundo sobre las necesidades básicas del individuo que el uso de estas herramientas para saber más sobre el prosumidor no solo se acerca a lo amoral sino que, llegado el momento, cuando la cordura impere sobre lo meramente conductual, podría catalogarse como un hecho que puede atentar contra la intimidad del propio individuo. Y es que debido a todos estos instrumentos los seres humanos están espiando las conductas de los demás. O, peor, las suyas propias para autoexplotarse. Y ya no hacen falta patrones, tiranos, señores feudales o jeques despiadados. El vasallaje, la esclavitud autoimpuesta por el propio individuo, va más allá del castigo externo. Porque la injerencia viene de sí mismo frente a todo lo demás. "Aquí ya no existe el otro como explotador que me fuerza a trabajar y me alienta de mí mismo. Más bien, yo me exploto a mí mismo voluntariamente creyendo que me estoy realizando" (Han, 2017, pág. 64). Porque quid del asunto, el cebo social que conduce a la autoexplotación de la propia persona, es que ahora cualquiera puede llegar a ser su único jefe y al mismo tiempo su propio verdugo.

Parte Segunda. Lo Tecnológico

CAPÍTULO 4

Redes Sociales

Todo tiende a repetirse. Más aún si se cree que aquello que sucedió no puede volver a ocurrir. Pero ahora el escenario y los actores han cambiado, aunque el fin continúe siendo el mismo. Porque el empeño que tiene el humano para polarizarse, y unirse a la cruzada antisocial, antes se lidiaba en un campo de batalla y ahora en el mundo virtual, donde regala su tiempo a cambio de dopamina.

La vida en la pantalla (Turkle, 1997) parece otorgar un nuevo sentido a la humanidad porque disfraza el paisaje con *bites* para tratar de amenizar el camino, pero a medida que el individuo piensa que avanza hacia su redención, por contra va directo al estertor. Es cierto que ha evolucionado en diferentes ámbitos. Por ejemplo, ahora vive más años, sí, pero atrapado en lo sintético. Envuelto en un velo estampado de imágenes y sonido artificial que aparenta ser más pulcro, más liso, como diría Byung-Chul Han (2016), que la realidad misma, y justamente por eso deviene el dilema de su pérdida de identidad.

En este sentido, decía Turkle (1997) que la gente y la reevaluación de sus identidades se dejan ver claramente en la actitud que muestran tras un ordenador, porque este tipo de tecnología ha variado las relaciones humanas y, por defecto, el mundo de la economía, de la política y hasta del sexo. Y todo esto deriva en un sinsentido porque la computadora se ha convertido "en un profeta del posmodernismo" (Turkle, 1997).

Pero en tiempos de Turkle, a menos en el momento que se escribió el libro que da pie a esta tesis, la computadora era el centro y, aunque existía la portabilidad, aún no tenía la versatilidad de la que goza ahora un teléfono en la palma de una mano. Y hoy en día los *smartphones* dirigen al nuevo esclavo a través de un pensamiento único, aunque el reo no lo quiera reconocer. Porque desde cualquier red social, manejada desde un teléfono móvil, los mensajes parecen distintos, pero realmente todos son iguales.

En la actualidad se difunde un pensamiento polarizado entre la extrema derecha y la extrema izquierda, pero ambas ideologías vienen a sostener casi lo mismo. No ya por la expresión de las citas, sino por la manera en la que se difunden. El fondo de las cosas se sustenta en la forma en la que se ofrecen; y ninguna ideología aboga por la pausa porque todas ellas se expanden por la misma vía. Y alejarse del lugar por donde la propaganda se distribuye de manera fácil y apresurada, sin dar tiempo al individuo a ahondar en el pensamiento que se transmite, no es buena idea para ninguno de los extremos. Porque ambos, quieran o no, se sostienen por lo mismo.

¿Pero realmente qué es eso de las redes sociales? ¿Desde cuándo han existido? ¿Qué propósito tienen? ¿Para qué se suelen utilizar? ¿Cuántas hay? ¿Y qué sentido tienen?

Yendo muy hacia atrás en el tiempo, el fuego podría tener la culpa de todo esto. Porque puede que haya sido su comienzo. Nadie grabó materialmente aquel momento. Ni cómo se gestó el acontecimiento máximo de prender fuego, ni tampoco cómo se multiplicaron sus efectos. Aunque, por unos instantes, la mente humana podría retrotraerse a Chesowanja en la Edad de Piedra Temprana. Y la historia podría relatarse tal que así:

Un Homo Erectus venía de matar a una presa. Estaba bastante molesto y resentido porque durante la caza alguien le usurpó la mitad de su trofeo. Al llegar a su destino, cerca de su cueva, levanto una piedra de un tamaño mediano, casi como su cabeza, y la estampo con inmensa ira contra otra piedra que yacía en el suelo. Durante el impacto vio el titilar de una pequeña luz, de una chispa. Producía un efecto semejante, pero más reducido, al del rayo que quemó escasos días atrás el bosque de la montaña de enfrente. Podía ser fuego. Al menos algo tenía que ver, porque esa pérfida apariencia le embelesaba tanto como aquello que vio caer aquella noche del cielo. Por eso continuó chascando una piedra contra otra, una y mil veces, hasta que esa chispa logró prender algunas hojas secas que yacían a su costado. Al observar el suceso, se percató de que, cuantas más hojas secas echaba, más intenso se hacía el fuego. Y lo dejó prender hasta que el rocío terminó por amortiguarlo. A partir de ese momento, día sí y día también, siguió chascando piedras y echando pasto seco sobre la lumbre. Y tras muchas repeticiones, ya pudo dominar el proceso. Fue entonces cuando ese conocimiento se le quedó grabado, de forma natural, y compartió finalmente ese hallazgo con otros compañeros que, sentados todos juntos frente a una hoguera, ya no dudaron en que ese era un buen lugar para intercambiar pareceres y dar nuevos usos a aquel descubrimiento.

Nada tendrá que ver la ficción con la realidad, pero las consecuencias del hallazgo son irrefutables. Las utilidades que supuso el fuego a la hora de modificar la alimentación, el aumento de la esperanza de vida de los individuos, el cambio de hábitos a la hora de elaborar y gestionar su forma de producción y la manera de asentarse en los diferentes lugares a los que iba también son incuestionables. Además, esa nueva tecnología que un ser vivo había generado, bien por azar, bien por determinación, estableció desde entonces también la forma de vivir en comunidad.

Así que el fuego bien podría ser la primera red social, el primer Facebook. Porque con esta nueva tecnología se podría mejorar la socialización del individuo, pero a su vez podría convertirse en su peor aliado. El fuego unía, pero también separaba. Gracias a su uso se podían en común distintos pareceres al calor y al amparo de la luz, pero también podría servir como utensilio para generar discordia o lidiar batallas aún más cruentas.

La red social es justamente eso. Un lugar útil y beneficioso donde intercambiar conocimiento y crear nuevas fórmulas para facilitar la unidad y el progreso positivo, pero también el espacio donde poder arder a partir de las ideas. Al menos de las que no se observan, se calculan o se piensan.

Actualmente, es muy común escuchar que primero está la tecnología, después la sociedad y, por último, el derecho. Es decir, que la creación de cualquier tecnología surge sin apenas ser reconsiderados sus futuros efectos, después esa creación se pone en manos de la sociedad y de la empresa para establecer su uso y, por último, el derecho tiene que establecer leyes y normas para regular la utilización que se hace del invento.

Así que el ser humano da para lo que da y graba lo que graba. Y con tecnología ha generado diferentes espacios virtuales que ayudan en unos casos de forma positiva a la actividad diaria del individuo, porque mejoran los procesos y aumentan su productividad sin inducirle al riego de la esclavitud y, por contra, le inducen a la dependencia en el más amplio sentido de la palabra.

Desde que han existido las redes sociales su principal objetivo ha pasado por conectar individuos, grupos de personas o comunidades para examinar rasgos comunes o identificar rasgos diferenciales; o bien establecer sinergias entre toda la conectividad a fin de ampliar el conocimiento; o bien para afianzar el que ya se ha obtenido previamente. Pero las redes sociales son fundamentalmente un concepto sociológico, aunque se las ha dado en la actualidad múltiples aplicaciones a fin de obtener un rendimiento máximo a los datos que se puedan extraer de la información de toda esa conectividad.

En lo que respecta al apartado de uso tecnológico, y muy concretamente en lo que concierne a lo que hoy conocemos como *Social Media* (Saravanakumar & SuganthaLakshmi, 2012), y su aplicación directa al marketing, este concepto estaría estrechamente ligado a las diferentes formas que apodan las redes sociales, bien sea a partir de medios digitales, plataformas multimedia o aplicaciones móviles, como espacio de conexión del ámbito personal o profesional de los individuos e instituciones, de organismos y empresas, a fin de ampliar cualquier tipo de conocimiento, incentivando la acción de compartir y comentar lo que se publica entre los diferentes actores que compartan un espacio virtual gamificado.

Pero, antes de ir más allá, ¿cuál es el nivel participativo en esta comunidad ya cocreativa? Anteriormente, en la exposición que versaba sobre el concepto de *prosumer*, realmente se han comprobado las múltiples formas que tienen las redes sociales a la hora gesionar el contenido, pero es necesario conocer cuál es su relación con el nuevo consumidor. Y no solo conociendo su narrativa, sino su implicación hacia ella.

En esta comunidad cocreativa la actividad que tiene el prosumidor varía por su grado de implicación. Según Hayes (2017), existen 5 niveles de participación. Y se muestran a continuación.

El primer nivel estaría vinculado a los *consumidores convencionales*. Estos realizarían un consumo meramente pasivo. Es decir, que se limitarían a comprar o adquirir bienes y servicios, pero no se implicarían ni comentarían en redes sociales nada con respecto a ellos mismos ni a los demás. Tampoco se molestarían en atender socialmente sus inquietudes por la vía digital, ya que con el espacio físico tendrían más que suficiente. Aquí probablemente nos encontraríamos con esa generación *babyboomer* que no se haya adaptado a la nueva exigencia tecnológica y a la era digital.

En segundo lugar, se encontrarían los *consumidores que comparten*. Se trataría de los prosumers que, además de consumir por la vía física o digital, expondrían comentarios sobre el producto o el servicio que adquieren o han

```
┌─────────────────────────────────────────────┐
│      Los consumidores convencionales        │
└─────────────────────────────────────────────┘
                      ▼
┌─────────────────────────────────────────────┐
│      Los consumidores quee comparten        │
└─────────────────────────────────────────────┘
                      ▼
┌─────────────────────────────────────────────┐
│        Los consumidores críticos            │
└─────────────────────────────────────────────┘
                      ▼
┌─────────────────────────────────────────────┐
│        Los consumidores editores            │
└─────────────────────────────────────────────┘

           Los consumidores creadores
```

Ilustración 2: Formas de consumo cocreativo. Fuente: Lo inevitable. G. Hayes (2017).

adquirido; y además probablemente en este nivel también se encontrarían los consumidores que reenvían información por redes sociales. En este caso se limitarían a compartir *links* o fotografías en algunos perfiles sociales, llegando incluso a hacer una valoración poco exhaustiva de su experiencia.

En tercera posición se hallarían los *consumidores críticos*, que además de valorar públicamente aquello que han comprado, comentarían su adquisición de una manera más explícita y hasta incluso podrían apoyar el contenido que han elaborado terceras personas. Personas que incluso, en muchos casos, ni siquiera conocen.

El cuarto nivel estaría compuesto por los usuarios llamados *consumidores editores* dentro del social media. Este tipo de prosumidores se encargarían de editar contenido que han generado otros con anterioridad. Ese contenido podría ser de empresas o de personas con un alto nivel de prescripción o, incluso, llegados a este nivel, el contenido vertido podría tratarse del que realizan los *influencers* (Gómez Nieto, 2018).

El quinto y último escalón estaría compuesto por los usuarios a los que se le puede denominar cómo *consumidores creadores*. Este tipo de consumidores bien podrían ser influencers, periodistas, personas de reconocido prestigio en su ámbito profesional, literatos, artistas de diversa índole, filósofos, políticos o personas de cierto posicionamiento social. No tiene por qué tratarse de individuos ilustrados y conocedores del tema del que están comentando y elaborando contenido, sino que también podrían ser personalidades que dominaran la tecnología, manejaran herramientas de edición, tanto de textos como de formatos audiovisuales, y se plantearán como objetivo publicar para ganar adeptos o incluso clientes.

No obstante, para conocer mejor todo este ecosistema colaborativo y de niveles y grados de participación con la audiencia, y toda vez que se ha contextualizado previamente al prosumidor -el sujeto principal de la interacción de este tipo de *nodos*-, sería preciso reconocer el panorama actual del *Social Media*, en lo que respecta a las clases de redes sociales existentes para identificar cuáles son los principales objetivos de cada una de ellas.

En este sentido, se ha elaborado una clasificación muy genérica a fin de conocer las redes más usadas, sin entrar en algunas menos corrientes que, como caso concreto, se enunciarán más adelante para dejar de manifiesto que en el ámbito del marketing cabe todo, máxime cuando gracias a esa amplitud se puede ofrecer una buena segmentación para cualquier tipo de negocio.

Esta tipología, en la que se insiste que está elaborada de forma genérica, viene establecida por diferentes empresas e instituciones académicas a partir de la observación directa de los diferentes *sites*. La tipología quedaría expuesta de la siguiente manera y cada uno de los sitios operaría de la forma que se expone a continuación en las siguientes líneas.

En primer lugar, habría dos categorías amplias y genéricas: *las redes horizontales o generalistas* y *las redes sociales verticales o especializadas*.

Las primeras de ellas ofertarían un contenido amplio y variado sobre diversos temas. En estos espacios se hablaría de todo lo que pudiera resultar de interés al ser humano y el contenido podría ser generalista por proximidad geográfica, o bien horizontalizado por diversidad narrativa.

La temática que abarcan es tan amplia que cabría cualquier tipo de contenido. De esta forma, el prosumidor podría ver las publicaciones de otros participantes, con afinidad o no, sobre diversos temas. El motivo de este uso sería poder realizar publicaciones de todo tipo, poder recibirla, y estar al tanto de la actividad de personas a las que al prosumidor le unan lazos de interés. Además, aquí los usuarios podrían tener entre sus contactos a amistades que no tuvieran nada que ver con sus gustos, pero que, complementariamente, sí que tuvieran con ellas un grado de afinidad amistoso y humano. Dentro de este tipo de redes cada usuario suele, o bien buscar un nicho de publicaciones para distinguirse del resto, o bien buscar tendencias comunes para dar la impresión de que está al tanto de las modas, o bien decidirse por utilizar un perfil que, lejos de publicar, estaría sujeto a solo permanecer para leer las opiniones que los demás vierten sobre un tema. De este modo, el riesgo a su exposición pública estaría más seguro y, por otro lado, a su vez estaría al corriente de lo que sucede en la comunidad. Este tipo de usuarios no suelen estar muy bien vistos, pero pasan desapercibidos entre la maraña de personas que sí que optan por publicar y mantenerse más activos.

Las segundas redes, las verticales o especializadas, también quedarían divididas, bien por el ámbito geográfico al que pertenezcan, bien por temas tratados por parte de la comunidad. Así las cosas, una comunidad podría pertenecer a un área concreta -federación, país, región, población, etc.- o tener como nexos una unidad temática específica de interés, como deportes concretos, actividades delimitadas, información especializada en un ámbito concreto, etc.

En un apartado algo más concreto de la tipología, las redes sociales se podrían distinguir por los temas tratados, y aquí estarían incluidas las dos categorías mencionadas con anterioridad. Por lo tanto, entrarían a mencionarse los diferentes tipos de redes sociales que se exponen a continuación.

Las primeras serían las redes sociales generalistas, de las que se ha hablado ya con anterioridad. Ejemplos concretos podrían ser *Facebook*, *Instagram*, *X* (anteriormente conocida como *Twitter*), *TikTok* o *Snapchat*, por ejemplo. Espacios abiertos a la producción y visualización de un contenido amplio y trasversal.

La siguiente categoría vendría establecida por las redes que tienen como principal objetivo ofrecer a sus usuarios el servicio gratuito de mensajería. Aquí se hallaría *WhatsApp*, *Messenger* o *Telegram*, Cabe destacar que ya hay redes generalistas como *TikTok*, *Snapchat* o el propio *Instagram* que tienen esta funcionalidad, pero en un principio se habría utilizado este servicio como valor añadido para terminar siendo parte importante dentro de su modelo de negocio.

Seguidamente se podrían encontrar las redes sociales especializadas en vídeos o en *streamig*. Esto no quiere decir que algunas redes que no pertenezcan a este grupo en ocasiones ofrezcan este servicio, pero eso no le apartaría de tener una función principal, que en este caso sería la de generación de contenido audiovisual en directo o diferido. Aquí se encontrarían redes como *YouTube*, *Vimeo* y *Twitch* o *Discrod*, aunque estas dos últimas están muy orientadas a la temática del *gaming* (Hardin, 2003).

Entre las redes sociales más usadas entraría las que contienen una temática profesional. *LinkedIn* estaría a la cabeza de todas ellas en cuanto a versatilidad y número de seguidores. En estos espacios los prosumidores intercambian su devenir profesional y, además, se hacen eco de informaciones, propias o de terceros, del sector en el que trabajan. En las empresas se les estimula otorgándoles el término *embajador de la marca* para que tengan un estatus superior, aunque realmente no es común que reciban contraprestaciones por su actividad. El criterio de la marca es que ambos salen ganando -*win to win*-. En primer lugar, el propio prosumer por obtener visualización dentro de la red social en la que operan y, en segundo lugar, también la marca por la exposición del contenido que realizan sus propios trabajadores.

Por último, es conveniente es importante destacar que se podrían abrir paso a más categorías específicas por el uso a las mismas. Aquí se encontrarían redes sociales de música -*Spotify* o *SoundCloud*-, educativas -*Moodle* o *Canvas LMS*-, de citas -*Tinder* o *Badoo*- o las especializadas en tiempo libre ocio y viajes -*Airbnb* o *Skyscanner*-, por citar las de uso más corriente entre la población conectada. Casi del mismo modo podrían entrar en esta catalogación las tiendas virtuales de compra y venta de productos o servicios, que hoy operan bajo los mismos criterios que las redes sociales de uso genérico. *EBay*, *Mercado Libre* o *Wallapop* podrían ser una buena muestra de ello. Los prosumidores insertan sus anuncios bajo un perfil de usuario identificable para realizar la actividad empresarial de *consumer to consumer* (Yrjölä, Saarijärvi, Rintamäki, & Joensuu, 2017). Es decir, hacer valer las relaciones comerciales entre usuarios de forma horizontalizada y sin empresas que intermedien en actividad comercial, salvo la de la plataforma a la que cedan sus derechos de publicación.

Al hilo del uso que hace el prosumidor de las redes, *We Are Social* y *Meltwater* (2024) elaboraron un informe en enero de mil novecientos veinticuatro en el que se muestra que el número de usuarios activos a nivel mundial era de 5,05 billones, lo que supone un incremento de un 5,6% más que en enero de 2023, según expuso el año anterior esta misma fuente.

En la ilustración se puede observar las diez redes sociales más usadas, contabilizadas en millones de usuarios. Así pues, *Facebook* tendría 3.049

millones de usuarios; *YouTube*, 2.491; *Instagram*, 2.000; *TikTok*, 1.562; *Wechat*, 1.336; *Douyin*, 752; *Snapchat* 750, *Kuaishou*, 685; *X (Twitter)*, 619 y, por último, tendría *Weibo* 605 millones de usuarios activos.

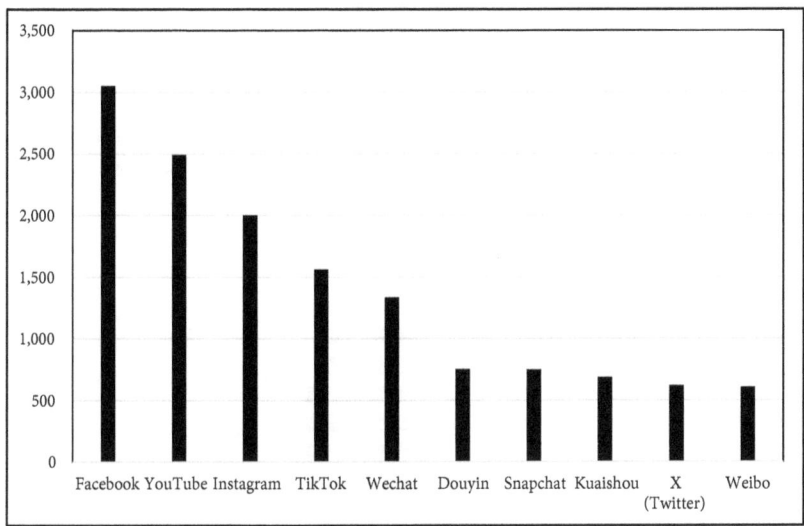

Ilustración 3: Redes Sociales más usadas en el mundo.
Fuente: We Are Social y Meltwater (2024).

El gráfico manifiesta que las redes sociales siguen ganando adeptos tanto en China como fuera del país asiático. Y que, siendo dos culturas distintas, la globalización traza el camino del consumo digital, de cómo se comparte el contenido y qué tipo de información es más popular o populista.

Redes generalistas como *Facebook* y *Weibo*, que ocupan el primer lugar y el último de la tabla, constatan que, aun estando en los dos extremos como tendencia de uso, el contenido genérico y abierto resulta de gran interés para el internauta. Asimismo, el formato audiovisual también manda y *YouTube* sigue a la cabeza ofreciendo todo tipo de contenido al gran público, aunque le siguen de cerca los formatos cortos de vídeo de redes sociales -*shorts*- (Navarro-Güere, 2024)-, también generalistas como Instagram, *TikTok*, *Kuaishou* y *Douyin*, estas dos últimas versiones chinas de *TikTok*.

Además, las redes de mensajería como *Wechat*, también de origen chino, y Snapchat, son relevantes para los prosumidores a la hora de contactar con sus seguidores y amigos. Por su parte, *X* (*Twitter*), y su forma tan peculiar de comunicar y viralizar información, sigue teniendo bastante relevancia y trascendencia entre los usuarios de la red.

En cuanto al tipo de información que generan tanto el prosumer como las empresas se deja entrever el interés que tienen los usuarios con respecto a sus inquietudes. En el último lugar de la tabla se puede apreciar cómo el mundo del periodismo, y el de la empresa informativa (Peinado Miguel, Núñez Fernández, & Pérez Serrano, 2022), aunque tiene cierta relevancia, no es una prioridad a la hora de solicitar información en las redes sociales, según queda de manifiesto en el mismo estudio, *We Are Social* y *Meltwater* (2024).

Ilustración 4: Tipos de cuentas de redes sociales de más uso.
Fuente: We Are Social y Meltwater (2024).

El mismo informe (2024) también expone los intereses del consumidor interactivo, que van desde el ocio y el entretenimiento, pasando por marcas, actividades artísticas, culturales y deportivas hasta el elevado uso que realiza para contactos personales e incluso de trabajo. La prioridad apunta a ser el contacto personal, lo que hace pensar que la distancia parece reducirse, al menos en términos virtuales porque, como se ha detallado con anterioridad, se está hablando de un mundo grabado que aparenta cercanía cuando por el contrario el escudo que genera la pantalla está dando paso a una pérdida del contacto físico.

Así las cosas, el tipo de grabación requerido es bastante notorio, dejando de un lado lo social, lo político e incluso lo económico para deleitarse con el más puro entretenimiento. Por lo que, si se plantea el objetivo por parte de las empresas y de las instituciones de considerar la vía de la propaganda para manipular a las masas con la creación de un contenido alejado de la realidad social este puede ser el camino. Los números al menos así lo delatan. Y el discurso vertido, también.

CAPÍTULO 5

Gamificación e inmersión

La sociedad grabada también habita en los juegos. Está en ellos y son una recreación de lo que ocurre. El vínculo que se ha establecido entre la narrativa y el juego ha permitido que el ser humano comprenda mejor su propio ecosistema. La creación lúdica ha servido para que el individuo pueda asimilar, de forma óptima, la realidad a fin de poder interactuar con mayor facilidad con el entorno. Y lo ha venido haciendo desde hace siglos, antes de que apareciera el boom de la *gamificación* y de la entelequia dopamínica. El ajedrez, las damas o el *Backgammon*, por ejemplo, son tableros de aprendizaje -grabaciones interactivas- y se crearon para comprender mejor la realidad del momento, repleta de conflictos y de guerras. De disputas y desacuerdos. Es decir, que la creación de los espacios finitos, donde poder jugar para interpretar mejor la infinitud de difícil compresión para el hombre, se gestaron mucho antes de que existiera el multiverso digital.

Pero para comprender mejor ambos lugares -con sus correspondientes narrativas y objetivos-, gestados tanto en épocas pasadas como en la actualidad, es necesario distinguir entre los dos tipos de juegos: *los juegos finitos* y los *juegos infinitos*. Para James P. Carse (2013) la vida diaria sería la fuente de los juegos infinitos, mientras que los finitos se hallarían en la recreación narrativa sostenida por tableros, espacios y nuevos formatos para comprender mejor todo lo que a la infinitud humana de refiere.

Las reglas de los *juegos infinitos* no son tan rigurosas como las de los juegos tradicionales: los finitos. Según Carse (2013), por ejemplo, al nacer una persona ya estaría jugando al juego principal, que es el juego de la vida. A partir de ahí, el jugador, una vez que toma conciencia de la realidad, ya estaría decidiendo, en la mayoría de los casos, a qué juegos le gustaría jugar y qué aventuras quiere vivir para experimentar y poder completar su propia grabación siempre asistido, eso sí, de grabaciones físicas y virtuales -juegos previamente creados por él- para ayudarle en la toma de decisiones.

A juicio de Carse (2013) el ser humano no siempre tiene la voluntad de tomar una decisión específica, o determinada, en el juego infinito de la vida. Por lo tanto, el azar del que consta ese propio juego llevaría consigo algunos escenarios que la persona no habría elegido previamente. Y otros que habría decidido sumergirse en ellos sin tener que recibir el *feedback* deseado. En este sentido, decía Terencio (2013) que la "vida es como el juego de dados, el arte debe corregir lo que el azar ofrece" y Schopenhauer, en *El arte de ser feliz*, expone una afirmación haciendo referencia a otro juego como el ajedrez:

> "En la vida ocurre como en el ajedrez: ambos hacemos un plan, pero este queda del todo condicionado por lo que en el ajedrez hará el contrario y, en la vida, el destino. Las modificaciones que así se producen, generalmente son tan importantes que nuestro plan apenas es reconocible en algunos rasgos básicos cuando lo realizamos". (Schopenhauer, 2005, pág. 60)

Así pues, la vida sería el tablero de los tableros, manejado por un azar determinado, que estaría tratando de ofrecer alguna lógica a lo que ya de por sí parece puramente aleatorio. Y este juego de juegos tendría un principio general de infinitud, que vendría establecido porque no hay un ganador o perdedor evidente. Por lo tanto, la ventaja de este tipo de juegos es que el ser humano nunca terminará de jugar durante el tiempo que tenga de vida. Y le comportará, adicionalmente, por el mero hecho de vivir -jugar-, una enseñanza aplicable a su existencia.

Para explicarlo de otra forma, apelando a más pareceres de otros autores, podríamos aseverar, con palabras de algunos de ellos mismos, que "los juegos infinitos tienen horizontes temporales infinitos y que carece de un fin práctico debido a la falta de una línea de llegada, por eso no se puede ganar en este tipo de juego" Sinek (2019). Por eso, continúa diciendo el propio Sinek (2019), "el propósito principal de un juego infinito es continuar jugando".

Esta máxima se ha visto desarrollada generación tras generación. Y el individuo ha ido participando en juegos reglados de manera consciente para tratar de realizar escenarios en los que pueda adquirir destrezas para poder entender y afrontar mejor el juego de la vida. Y él mismo ha ido proponiendo, frente a un tablero o una plataforma multimedia, de manera física o virtual, juegos sencillos para entender y adentrarse en el contexto infinito. *El escondite*, por ejemplo, requiere de solo un espacio físico y una motivación para querer aventurarse y saber entender que la realidad está llena de momentos en los que hay que saber ocultarse convenientemente, o ser veloz en la toma de decisiones para poder permanecer alerta, y enfrentarse a situaciones adversas y que requieran tanto de la forma física como del estado mental y de la estrategia para sobrevivir de manera óptima. Otros juegos más complejos, como la *Rayuela*, la *Comba* o la *Lima*, requieren de un elemento adicional al espacio y han sido fundamentales para el desarrollo y la formación intelectual de la persona. Y han ido estableciendo espacios físicos que buscaban la parte más simbólica del individuo, generando más complejidad en las reglas para cumplir mejor con los objetivos que se pretendieran lograr. También podrían incluirse aquí juegos de mesa tan populares como el *Trivial*, el *Risk* o el *Monopoly*. Y los ya mencionados como el *Backgammon* o el *Ajedrez*.

Para entender mejor el concepto de ludificación y grabación, Johan Huizinga (2012), en su obra, *Homo ludens*, establece dos conceptos fundamentales a la hora de comprender mejor el propósito de los juegos finitos, aunque en ciertas ocasiones también podrían trasladar esa conceptualización para el entendimiento de los infinitos.

El primer concepto al que se podría atender sería el del propio juego, con una definición esclarecedora para establecer una comprensión completa de lo que los procesos lúdicos han supuesto para la evolución humana y su contribución cultural del mundo.

> "Se trata de una actividad u ocupación libre, que se desarrolla dentro de unos límites temporales y espaciales específicos, bajo reglas absolutamente obligatorias, aunque libremente aceptada". (Huizinga, 2012)

El autor reafirma así el concepto de juego, pero no deja de atender en su obra al mundo de las emociones; ya que el juego, a su juicio, contempla el sentimiento de tensión y alegría que acompañan a cada acción con su propio propósito.

Después de esta definición de juego, en segundo lugar, conviene rescatar el concepto de *Círculo Mágico*, el espacio en donde se desarrolla el juego y, en el caso que nos ocupa, el del juego infinito de la grabación, la propia sociedad de la grabación. En este mundo creado, el jugador puede sentirse seguro porque conoce las reglas generales que lo regulan. En el caso de los juegos infinitos, aunque no conozca las verdades que regulan al universo, sí que sabría entender las leyes fundamentales que ha ido descubriendo con el paso del tiempo y el desarrollo del pensamiento humano, científico y espiritual.

Pero este espacio, que también ayudaría a los individuos a establecer relaciones sólidas y consistentes para poder trabajar juntos -en lo que en ocasiones podría tratarse solo de una simple competición-, en lo que concierne a los juegos finitos, el ser humano, se sentiría más seguro al conocer de manera real y objetiva los criterios y las normas de autoregulación. En la sociedad grabada el juego tendría diferentes tableros, diferentes juegos finitos, como se podrá observar más adelante, donde poder sentirse cómodos, quizá a veces en demasía, para socializar e incluso competir contra otros individuos a fin de lograr fines y propósitos.

Avanzando en la conceptualización de este mismo asunto, en la obra *Los Juegos y los Hombres: la máscara y el vértigo*, Caillois (1997) incorpora dos nuevos términos, importantes para este trabajo, que hacen referencia a la libertad de lo infinito y a la restricción de lo finito. Es decir, el azar y la norma. *Paidia* y *ludus*. *Play* y *game*. En cuanto al *play*, el término vendría establecido por la siguiente aseveración:

> "sería un principio común de diversión, de turbulencia, de libre improvisación y de despreocupada alegría. [...] manifestaciones espontáneas del instinto de juego [...] agitación inmediata y desordenada [...] necesidad elemental de movimiento y ruido. (Caillois, 1997)

Completando esta definición, (Teixes, 2014) en su obra *Gamificación: Fundamentos y Aplicaciones* sostiene que el juego es propio de los niños que juegan con libertad. No hay reglas. Y a partir de las experiencias que experimenta el niño mientras juega va creando un nuevo juego o mejorando el que previamente ya ha establecido. Para aumentar el placer a su propuesta en el futuro puede incorporar acciones que le sirvan a medida que avanza. Una propuesta que puede surgir sin duda del azar o del destino, o de ambas cosas al mismo tiempo, según la opinión del propio jugador.

En cuanto al término *game*, propio de los juegos finitos Caillois (1997) le define como "el complemento y la educación de la *paidia*, a la que la disciplina enriquece". Y se refiere a las reglas que el propio juego ya tiene. En cuanto a (Teixes, 2014), el autor podría compararlo con un *play* al que se le han restado aleatoriedad. En este caso, no sería necesario realizar una fase de juego previa para crear un juego.

La mayoría de los juegos que se han mencionado con anterioridad son "*game* puros". Tanto los que se disputan en un espacio físico, como los que se juegan en un tablero o través de aplicaciones móviles en formato virtual.

Para jugar a estos game puros, la conferenciante, escritora y diseñadora de juegos Jane McGonigal (2011) estableció cuatro características fundamentales y serían las siguientes:

En primer lugar, el juego debe tener un objetivo. ¿Qué se pretende lograr? En segundo lugar, el juego, el *game*, debe contener unas normas para generar determinación al jugador. Por ejemplo, en la sociedad grabada actual, existen múltiples plataformas, que hacen que el *prosumer*, el *gamer*, sepa fielmente dónde se encuentra y qué es lo que pretende conseguir con cualquiera de ellas. Por supuesto que las reglas ofrecen delimitaciones, pero también restan aleatoriedad. Por tanto, el que esté pasando el rato enganchado a uno de los juegos que haya tenido a bien jugar tendrá la propia seguridad que le ofrezcan las normas de la plataforma. Y, gracias a ella, se sentirá más cómodo, por definición, si se toma por válido el concepto de *Círculo Mágico* expuesto con anterioridad. En tercer lugar, el juego al que se haya decidido jugar debe ofrecer un *feedback* en el que se visualice el desarrollo del jugador dentro de ese espacio lúdico. Además, con esta retroalimentación, que suele ser constante, se observa no solo el rendimiento, sino también lo cerca o lo lejos que se encuentra de alcanzar el objetivo. Finalmente, en cuarto lugar, estaría la participación voluntaria. Con ella, los jugadores asumen de antemano que el objetivo, las normas y el sistema de retroalimentación del juego son reconocidos por el propio jugador, con lo cual asume el funcionamiento y la estructura en la que se encuentra al jugar en el nuevo entorno virtual. Es decir, que todo lo que se ha mencionado anteriormente lo acepta sin cuestionarlo. Y, cuando se adentra en sí mismo, con su *alter ego* (Turkle, 1997), transforma a la herramienta en un espacio más sugerente donde participar proactivamente.

Para entender mejor toda esta grabación que proviene de los juegos es preciso mencionar que, en la actualidad, existen numerosos videojuegos, que apelan al espacio físico para desarrollar sus historias. Y eso es precisamente lo que hace que los *gamers* (Jenkins, 2006) deseen formar parte de ese no lugar que los tiene completamente seducidos. Empresas de gran magnitud y calado en la era tecnológica como Google, por ejemplo, ofrece incluso a los programadores y desarrolladores de historias gamificadas un software que es capaz de integrarse en el desarrollo de sus proyectos. Este nuevo desarrollo recrea digitalmente espacios reales y ofrece una versión virtual capaz de interactuar con del espacio físico en muchos casos, tal y como se verá más adelante.

No obstante, antes de adentrarse en la inmersión, es preciso desarrollar dos tipologías de videojuegos para entender los juegos más actuales, que no dejan de tratar de imitar lo material para simular que se sigue viviendo, pero en un espacio aparentemente más seguro; donde la interactividad es capaz de generar una conexión emocional a partir de lo lúdico en ese entorno en el que, además de jugar, se pueden realizar otro tipo de actividades. El objetivo es que la pantalla sea el territorio donde el individuo tenga acceso a gran parte de su actividad y quehacer diario para que la pasarela digital sea un espacio que dé acceso a la recreación, al trabajo y, de paso, al consumo.

La primera tipología, basada en una elaborada por la *Fundación de Ayuda contra la Drogadicción* (FAD) (2001) y por en un estudio realizado conjuntamente para el Ministerio de Trabajo y Asuntos Sociales y Caja Madrid, propone diferentes categorías de juego. Los juegos que se enunciarán en esta tipología crearon nuevos ambientes lúdicos en los que se podía -también ahora- jugar de forma no presencial y colaborativa desde varias ubicaciones, de forma asíncrona o síncrona. En otras palabras, se generaron nuevas creaciones basadas en lo cercano y que despertaron la imaginación de la persona que decidía enfrentarse a nuevos desafíos.

Por otra parte, en una segunda tipología se expondrá una evolución del videojuego desde la primera tipología hacia lo inmersivo. No obstante, sin llegar a ese momento evolutivo en el que se encuentra la tecnología ahora. Esta segunda clasificación, elaborada por Ricardo Tejeiro Salguero (2001), propone siete categorías para analizar el producto final, el videojuego, como se verá en las páginas siguientes.

Conviene manifestar, antes de exponer ambas clasificaciones que, desde sus inicios, la industria del videojuego ha experimentado múltiples cambios, producidos, fundamentalmente, por las continuas mutaciones sociales y económicas propias de nuestro siglo. Si a estos dos condicionantes se le suma la imparable evolución de las aplicaciones informáticas, que realizan estas obras artísticas, y el deseo del ser-jugador de crear nuevos espacios de interactuación, la clasificación temática de este nuevo medio de intercambio de emociones puede resultar una tarea casi imposible de realizar para cualquier experto en esta materia e, incluso, para la propia industria del videojuego, pero al menos debe existir una clasificación que se aproxime a la realidad social, a la tecnológica y a la del propio jugador que es, en definitiva, el sujeto al que está dirigido este propósito. Y para entenderlo de forma más gráfica se exponen las diez categorías, agrupadas en diversos tipos de juegos, en la ilustración que viene a continuación:

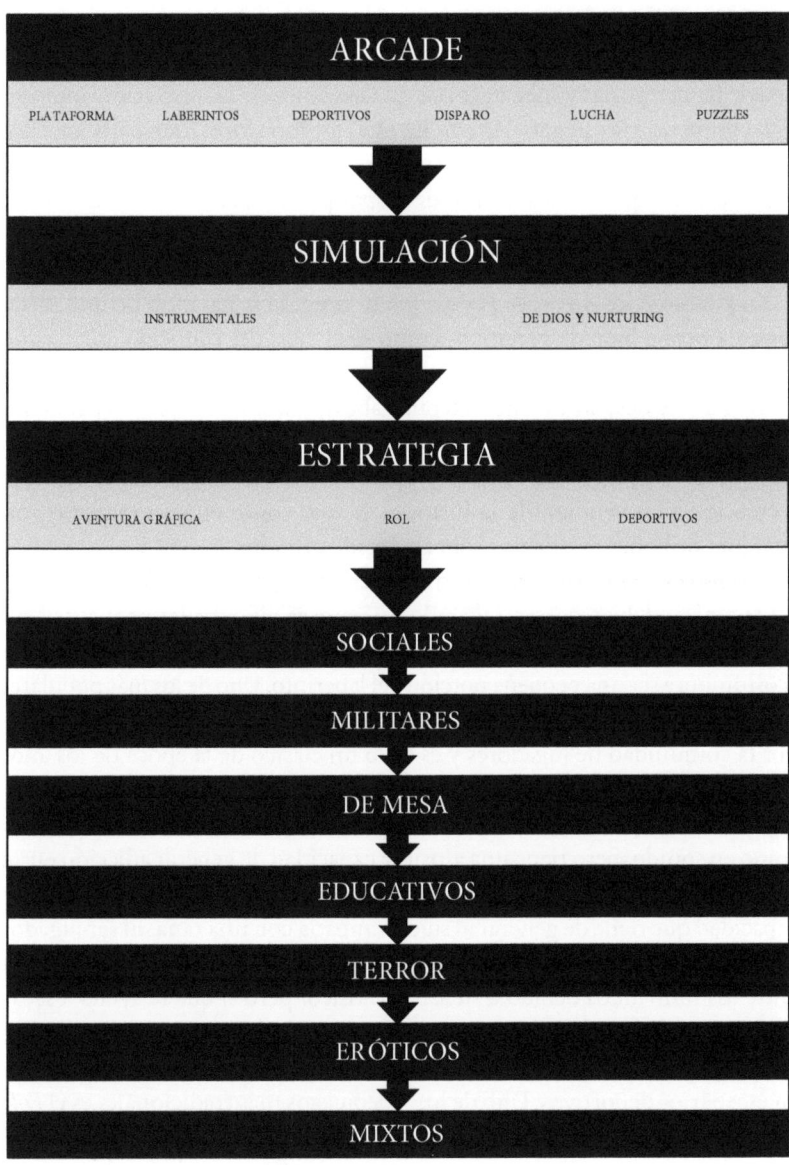

Ilustración 5: Tipos de videojuegos.
Fuente: Elaboración propia a partir de un estudio de la FAD, Caja Madrid y del Ministerio de Trabajo y Asuntos Sociales del Gobierno de España.

CAPÍTULO 5

Para entrar más en el detalle de cada una de las categorías propuestas se exponen a continuación las siguientes características principales de cada una de las categorías y subcategorías que devienen de la ilustración anterior:
    La primera es la categoría *Arcade*. En esta categoría formarían parte aquellos juegos caracterizados por imponer un ritmo rápido en la acción. Su principal objetivo tiene que ser la sucesión de etapas previas para alcanzar una meta final. Dentro de esta categoría es posible encontrar los siguientes subgéneros: *plataforma, laberintos, deportes, disparo, lucha* y *puzles*.

En cuanto a los *juegos de plataforma* se trata de ir pasando de una plataforma a otra a base de precisión, como es el caso del conocido *Supermario Bros* (Miyamoto, 1985), y que está considerado como el primer juego de esta tipología y de desplazamiento lateral. Cabe destacar que el propio personaje fue mascota de la marca que lo comercializó, Nintendo, debido a su gran éxito entre los jugadores de videojuegos. No en vano es, junto al *Tetris*, la recreación más vendida de la historia, ya que contó en su momento con cuarenta millones de adeptos sólo en Estados Unidos.

Los *juegos de laberinto* se desarrollan en ese tipo de espacio en el que el protagonista debe recorrer, salvando numerosas dificultades para acceder a la salida. Los laberintos suelen ser de gran extensión, por lo que la pantalla acostumbra a ser una pequeña porción del laberinto. Uno de los más populares es el *Frogger* (Konami, 1981). Se trata de uno de los personajes más apreciadas por la comunidad de jugadores y es todo un clásico de la época de los años ochenta. El objetivo del juego es ayudar a una rana a salvar diferentes obstáculos. En el apartado técnico no es demasiado brillante, tanto en gráficos como en sonido, pero tiene una altísima capacidad de generar adicción entre quienes se divierten y pasan con él tiempo. Lo interesante del juego es la capacidad que tiene de generar al sujeto empatía con una rana. El ser-jugador se introduce en la piel de un animal que no suele producir demasiada ternura entre los individuos debido a su aspecto físico, pero sí que le ayuda a sacar partido de una de sus principales propiedades físicas: el salto.

La siguiente subcategoría, *deportes*, trata de juegos que suelen desarrollarse en escenarios deportivos. Uno de los videojuegos más tradicionales es el *Pole Position* (Namco, 1982). Inicialmente, justo en el momento de entrada en el mercado, fue una máquina recreativa que triunfaba en salones de juegos y en bares, cafeterías, pubs y espacios destinados a la repostería. Más tarde, la marca comercial *Atari*, con licencia y permiso de *Nazco*, empresa dueña de sus derechos, la introdujo en el mundo de las videoconsolas. Lo realmente interesante de este videojuego es que se ha convertido en referencia de todas aquellas marcas que pretenden realizar género deportivo.

Los *juegos de disparo* es la evolución de los popularmente conocidos como *marcianitos*, en los que el jugador debe alcanzar - con disparos de cualquier tipo de arma- objetos o personajes que se mueven sobre la pantalla. Quizá el ejemplo más específico se halle en uno de los juegos que más adeptos haya obtenido la industria: el *Half Life* (1998), mundialmente conocido. Se trata de un título bastante interesante ya que la trama ha inspirado a otras marcas que pretenden realizar escenarios de esta sofisticada Inteligencia Artificial. Fue creado por *Valve Software* y distribuido por *Sierra Entertainment*, el 20 de noviembre de 1998, y está basado una modificación del también conocido *Quake* (Romero, 1996). En un primer momento, iba destinado a ordenadores personales, pero *Sony Playstation 2* (Japón Patente nº 7.369.677, 2000), lo introdujo entre sus juegos destacados. *El Half Life (HL)* está ambientado en Nuevo México, Estados Unidos, en el Centro de Investigaciones de *Black Mesa*. El protagonista, el físico teórico Gordon Freeman, se enfrenta a diferentes obstáculos, y la resolución a sus problemas se resuelve con el disparo. El juego está dividido en diferentes capítulos. Y lo realmente interesante es el modo de operar: en primera persona. Lo que le sucede a Gordon Freeman, lo vive directamente el ser-jugador, por ser él quien sufre los ataques y las agresiones "externas". El nivel de generación de empatía es altísimo. Y equivale al POV (*Point of View*) y su concepto, que se desarrollará más adelante.

Los *juegos de lucha* es un subgénero que corresponde a los juegos que consisten, fundamentalmente, en el combate "cuerpo a cuerpo" entre personajes. En este tipo de videojuegos se usan técnicas tan legendarias como las artes marciales. Además, en ellos, se pueden emplear diferentes armas de diversas categorías. El célebre *Tekken* (Ishii & Harada, 1994), puede ser el ejemplo más significativo. Se trata de una serie de videojuegos de lucha desarrollados y producidos por la compañía *Namco*. Originalmente de Arcade, fue portado a varias marcas de videoconsolas. Basa su desarrollo en la historia de la familia Mishima y sus luchas por el control de su empresa. En el videojuego *Tekken* existen diferentes personajes a los que les unen lazos afectivos: los familiares. En este juego de lucha por excelencia, cada personaje tiene su propio estilo de combate como: el Karate, el Kung Fu, el Tae Kwon Do, el Boxeo, el Kick Boeing, la Lucha Libre, el Vale Tudo, la Capoeira, el Aikido, el Judo, el Jeet

Kune Do, el Sumo o el Ninjutsu. Como nota significativa conviene decir que este videojuego ofrece la posibilidad al ser-jugador de instalarse en la piel de un personaje, el que le sea más afín a sus características psicológicas, físicas o, simplemente, porque crea que sea el mejor para conseguir la victoria final. En el juego, en el que un jugador puede competir contra otro o contra un personaje controlado por Inteligencia Artificial. Cada personaje proviene de diferentes partes del mundo, lo que produce que efecto de familiaridad esté más arraigado entre los seres-jugadores.

En cuanto a los *juegos de puzles* son muy sencillos y se caracterizan por su alta capacidad adictiva entre los *gamers*. Su principal objetivo es el de encajar piezas. Una muestra de esta subcategoría es el famoso *Tetris* (Pázhitnov, Pokhilko, & Gerásimov, 1984). Los creadores se inspiraron en un juego de pentominós, presentados al ámbito matemático en 1954 por Solomon W. Golomb, un catedrático de la Universidad del Sur de California, y en los que se pueden plantear y resolver un gran número de problemas. Se trata de uno de los videojuegos más versionados. Su dinámica es muy sencilla: colocar piezas. Lo que hace que el jugador mejore su visión espacial.

La siguiente categoría es la de *los juegos de simulación*. Este tipo de videojuegos permite al usuario asumir el mando de determinadas situaciones, o experimentar e investigar el funcionamiento de máquinas. A diferencia de los anteriormente citados *Arcade*, las partidas en los juegos de simulación se suelen desarrollar en largos periodos de tiempo. Dentro de esta categoría se encuentran los siguientes géneros: *instrumentales* y *de Dios*.

En lo que respecta a los *instrumentales*, el objetivo del juego consiste en experimentar la conducción de algún medio de locomoción. Ya sea un automóvil, un avión, un helicóptero o una motocicleta, por ejemplo. La característica fundamental es que se conducen estas máquinas de manera similar a la que se realiza en la vida cotidiana. El *GPRIX* (Hess, 2000), es uno de los juegos más conocidos entre los adeptos a los videojuegos. La competición, desde la conducción de una máquina -videoconsola- con prolongación hacia otra -automóvil-, es su principal característica. El ser-jugador posee dos filtros artificiales para ver completada su misión, resulta todo un reto para el individuo, ya que el control de los mandos debe ser exquisito para conseguir los objetivos fijados por el juego.

En lo que concierne a los juegos denominados como *De dios*, muchos jugadores los catalogan como juegos de estrategia. Pero sin duda lo que los caracteriza es la posibilidad de generar y crear nuevos mundos, de ahí su nombre en la clasificación. El popularmente conocido *Sim City* (Wright W., 1989) es el más representativo. En él se pueden crear nuevos espacios urbanos y pasear por ellos. Lo más llamativo es que en este juego se pueden utilizar los "desastres" si el jugador se cansa de los escenarios creados por él mismo, generando así un Apocalipsis.

La *estrategia* es otro género y categoría aparte. Se caracteriza por buscar estrategias y maniobras tácticas que se irán desarrollando a lo largo del juego. Estas deben modificarse en el transcurso de la partida, ya que el contrincante no permanece estático. Los siguientes subgéneros que se encuentran en esta categoría son los siguientes: *aventura gráfica*, *rol* y *deportivos*.

En la *aventura gráfica* el usuario debe indicar al personaje los actos que debe realizar a través de diálogos, para conseguir un objetivo concreto. Estos juegos suelen ser lineales, requieren la superación de enigmas, problemas lógicos y se suelen caracterizar por la indagación que el personaje debe realizar por los distintos escenarios para encontrar diferentes objetos, que serán imprescindibles posteriormente para la superación del juego. Un buen exponente de esta subcategoría es el videojuego *Runaway* (Dinamic, 2001), que aúna todos sus requisitos. Mantiene un aspecto visual muy atractivo, un argumento interesante, y presta especial atención al ambiente, detallando los fondos y la ambientación. La línea argumental gira entorno a su protagonista, Brian, un estudiante a punto de graduarse, que es atacado por unos gánsteres. En su desesperada huida, le acompaña una misteriosa bailarina de estriptis y, en el transcurso de la acción, Brian, conocerá a varios coprotagonistas. Entre todos ellos, deberá identificar a los actores cooperadores y a los destructores. Para ello, el jugador deberá prestar atención a su ingenio para averiguarlo. Porque en el juego, como en la vida, nadie es quien parece ser.

En la subcategoría de *juegos de rol*, el jugador encarna uno o varios personajes con características propias a los que debe desarrollar una personalidad, combinando una serie de características como son la fuerza, inteligencia, magia o ciertas habilidades. La identidad del director -o máster del juego- la asume el ordenador, actuando como árbitro entre los jugadores y controlando que se cumplan las reglas sobre las que se juega. El videojuego por excelencia de esta subcategoría es el *Final Fantasy* (Squaresoft, 1987), muy popular entre los adeptos al videojuego y además ya se ha llevado a la gran pantalla. En su momento fue producido por la compañía japonesa *Square Enix*, incluía juegos de consola y portables, uno multijugador masivo en línea, otros para teléfonos móviles, series de animación y películas CGI (*Computer Generated Image*). La fantasía -una de sus palabras que completan su título- es la principal característica del rol. Se trató de un juego de rol que no se ha quedó en una sola entrega, sino que se ha convertido en una saga de juegos en los que cada historia es independiente, aunque haya repetición temática. Con influencias históricas, literarias, religiosas, y mitológicas, el juego pretende mostrar una realidad rebelde contra el poder económico, político o religioso. La lucha del bien contra el mal y de la naturaleza contra la tecnología. La repercusión industrial y social ha sido tan importante que la narrativa ha sido llevada a la gran pantalla con gran aceptación por parte del espectador.

Los últimos de esta categoría son los denominados *juegos deportivos*. Son juegos en los que además de la práctica del deporte se resalta la estrategia al crear equipos, comprar jugadores, planificar campeonatos, etc. El *FIFA* (EA Sports, 1995) es el juego por excelencia. El éxito de este deporte se ha trasladado al mundo de las *apps* por empresas periodísticas incluso, pero con diferentes versiones y objetivos. Mantiene una gran cantidad de adeptos. De hecho, este juego ha dado origen a una saga e, incluso, a imitaciones por parte de otras marcas distribuidoras. En el juego destaca su realismo a la hora de gestionar un club y al disputar las partidas deportivas. El principal gancho es que el individuo puede ejercer diferentes estatus a la hora de disputar las partidas. Desde presidente del club -ya que es capaz de manejar los fichajes y el presupuesto de la entidad-, pasando por entrenador - porque realiza las alineaciones-, hasta llegar a la faceta de jugador. Si la ilusión de cualquier niño, o la de cualquier adulto, es la de llegar a ser presidente, entrenador o jugador de su propio club, se puede pensar que este tipo de juegos se adentran en litigios fascinantes: la derrota frente la victoria, la violencia frente la amistad, el amor frente el odio.

La siguiente categoría corresponde a los *juegos sociales* y está basada en la gestión y desarrollo de comunidades para alcanzar su supervivencia. El jugador puede asumir cargos que en realidad corresponderían a diferentes personas. Por ejemplo, dentro de una familia el mismo jugador puede asumir varios roles, como es el caso del popular *SIMS*. Se trata de un videojuego de estrategia y simulación social. Consiste en crear personajes (*Sims*), y hacerlos convivir en un hogar. Los antecedentes directos se hallan en el *reality show* televisivo, caso especial de *Big Brother* (De Mol, 2000), o en la propia película

El show de Thruman (Weir, 1998). La diferencia con respecto al cine o a la televisión radica en que el propio juego permite diseñar al *Sim* con los diferentes rasgos físicos, lo que le ubica en la antesala del avatar y del metaverso. Además, el jugador se encargaba de satisfacer todas sus necesidades al personaje. Una de las aportaciones interesantes de este juego es el "modo libre" -identificado con el libre albedrío de Dios-, en donde los *Sims* realizan sus actividades por sí solos, u ofreciéndole ordenes, que pueden ser respetadas o no. El aspecto psicológico del personaje también es digno de mención, porque durante el juego los personajes pueden verse afectados por el entorno social y pudiéndoles acontecer estados depresivos o violentos como en la vida misma.

Los *juegos militares* corresponden a la siguiente categoría. Estos juegos consisten en la elección de acciones para hacer frente a algún tipo de enemigo, como es el caso del conocido juego *Age of Empire* (Goodman, 1997). En él, la estrategia se manifiesta tiempo real sobre construcción de imperios. El objetivo es lograr la supremacía militar, económica o cultural-religiosa sobre los demás jugadores o sobre la inteligencia artificial del juego. Las batallas que se generan pueden practicarse entre dos jugadores o en equipos. El origen de este argumento puede encontrarse en el *Risk*.

Los *juegos de mesa* son otra categoría. Este apartado de la tipología la conforman creaciones basadas en los juegos clásicos en los que se utiliza un tablero, fichas, dados o tarjetas. La tecnología informática permitió en su momento sustituir estos elementos por su correspondiente formato electrónico. El usuario puede jugar contra la máquina o contra otros adversarios. El *Chess Master* (Ubisoft, 1986), replicando al ajedrez, representa claramente de esta categoría.

Los *juegos ludo-educativos* son los juegos que pertenecen a una categoría que combina actividades lúdicas con contenidos educativos. El *Reader Rabbit Kindergarten* (Learning Company, 1997) puede servir de ejemplo. En el juego, que va destinado a niños de 4 a 6 años, hay que ayudar a los protagonistas, un conejo y un ratón, a reunir recursos para hacer una gran fiesta. El juego tiene como objetivo enseñar a los niños matemáticas, fonética y comprensión lectora.

La categoría de juegos denominada como *Eróticos* son juegos basados en el erotismo y la pornografía. Tienen mucha tradición en el mercado desde la segunda mitad de los años ochenta. El videojuego erótico que produjo un gran furor en Europa fue *Lula 3D*. Se trata de un juego de contenido explícitamente adulto. Cuenta de las aventuras de la inteligentísima y sexy Lula, una productora de cine erótico, que busca salvar a sus actores preferidos de las garras de malvados secuestradores. El físico de la protagonista es voluptuoso y sensual. Entre su vestuario destacan sus conjuntos de ropa íntima, aunque podría aparecer sin ella.

La categoría de juegos *mixta* se sirve de los ingredientes de las categorías anteriores como, por ejemplo, las de lucha, disparo o aventura gráfica... El popular juego *Grand Theft Auto: Vice City* (Houser, 2002) puede ser un buen ejemplo. El juego se desarrolla en 1986 en la ficticia ciudad de Vice City, la cual está basada en Miami y logra captar perfectamente la época por medio de la música, los trajes y los automóviles. El protagonista, Tommy Vercetti, es un delincuente enviado a Vice City, después de haber pasado más de 15 años en la cárcel. Tras realizar un trabajo de intercambio de estupefacientes con la mafia colombiana del lugar, surgen algunos imprevistos, y Tommy está ante situación límite en la que debe salvar su vida. Lo interesante del juego es la polémica social que generó en su momento por su alto contenido en violencia, en escenas de sexo y discriminación social o racial. Por este motivo fue catalogado para adultos. Y dispone de varias versiones y evoluciones.

Por último, la categoría de *Terror* son juegos que se basan en ambientes y escenarios que crean tensión en el espectador. Les caracteriza una atmósfera opresiva y la trama tensa para provocar sustos, como es el caso de *Silent Hill* (Toyama, 1999), el nombre de la saga de videojuegos producida por la marca Konami. Se desarrolla en un pueblo donde todos sus habitantes han desaparecido. Narra la historia de distintos personajes que, por alguna razón, deben ir al pueblo de Silent Hill, encontrando allí todo el terror que encierra este lugar. El estilo de juego es similar a otros del mismo género. Una característica importante de este juego es el "terror psicológico". Miedo a lo que se ve, logrado por la ambientación gráfica, musical y lingüística.

Toda vez que se ha visto al completo la anterior categoría, es importante reseñar que la situación y las expectativas de consumo del momento, principios del siglo, ayudaron a generar, más bien por necesidad, la siguiente clasificación elaborada por Ricardo Tejeiro Salguero (2001), como se ha mencionado con anterioridad. En esta clasificación se encuentran los juegos de *diversificación y complejidad*, los de *vínculos con otros medios*, los de *aproximación a la Realidad Virtual*, los de *extensión a otras capas de edad*, los de *crianza*, los de *búsqueda de nuevos soportes* y, por último, los de *en red*.

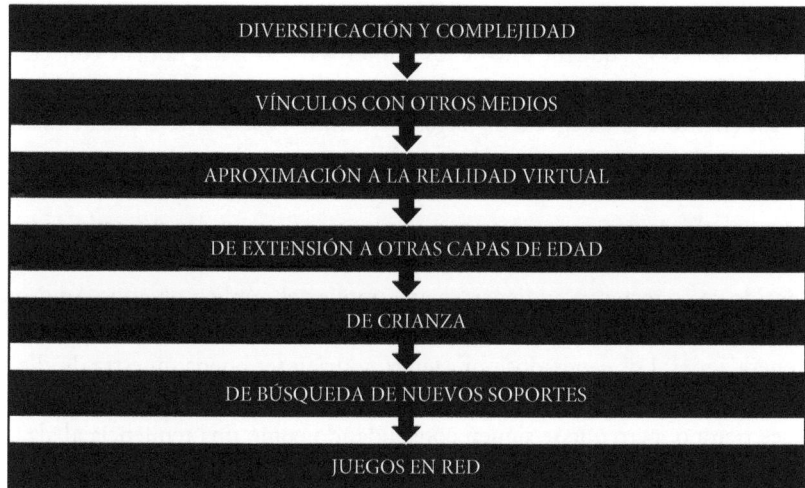

Ilustración 6: Otra clasificación de videojuegos.
Fuente: Elaboración propia a partir de un estudio de Tejeiro Salguero (2001).

En lo que respecta a la *diversificación y complejidad*, en esta categoría se encontrarían juegos orientados a incentivar las habilidades y recursos psicológicos necesarios para su utilización: estrategias de resolución de problemas, establecimiento de relaciones causales, toma de decisiones, etc. *Beach Life* (Wensley, 2002), donde se incentivaba el espíritu emprendedor a la hora de montar un negocio hotelero, o el siempre sencillo y eficaz *Sudoku*, para desarrollar las capacidades matemáticas, son dos ejemplos de ello.

En lo que concierne a los *juegos de vínculos con otros medios*, en esta categoría se observa cómo los fabricantes de videojuegos trataron de vincular dos narrativas, generando los primeros *trasmedia* y *crossmedia* (Scolari, 2013) digitales, para establecer vínculos entre medios diferentes contando una misma historia, pero en plataformas diferentes. *Harry Potter* (Rowling, 2001) o *Spiderman* (Sony Interactive Entertainment, 2014), por ejemplo, fueron las historias más solicitadas en su momento.

Sobre los juegos de la categoría de *aproximación a la realidad virtual*, se pueden definir como la suma de los sistemas de hardware y software que aspiraron a construir la ilusión sensorial de estar presente en otro ambiente, en otra realidad. Los primeros sistemas domésticos que incluyeron la realidad virtual no dieron grandes resultados de ventas. Es el caso de *Virtual Boy* (Nintendo, 1995), que fue uno de los primeros fracasos a la hora de conectar al usuario con las gafas de realidad aumentada.

En cuanto a la categoría de *juegos de extensión hacia otras capas de edad*, este tipo de juegos es necesario recordar que, a medida que se popularizó el uso del ordenador, y que los videojuegos consiguieron gran relevancia y adeptos, diferentes compañías que se plantearon extender sus actividades hacia el mercado de los niños más pequeños y hacia el de los adultos. En este sentido se conectaron audiencias para ampliar el público objetivo Aquí se encuentran títulos que pueden provenir de otras categorías y que conectan generaciones. Los generados por *Marvel* podrían ser buena muestra de ello.

La categoría de *juegos de crianza (nurturing)* son juegos que aparecieron hace tiempo, pero que se siguen consolidando como una tendencia al alza. Permiten la interacción del sujeto con un personaje que se desarrolla en función a la atención de que es objeto. El objetivo general es criarle, más que jugar con él. Estos juegos han adoptado diversas formas y algunos han consistido en máquinas independientes -*Tamagotchi* (Maita, 1996). Ejemplos de este tipo de juegos son *Pokemon* (Tajiri & Sugimori, 1996) y el creado por la marca *Nintendo*: *NintenDogs* (Mizuki, 2004). Lo principal de este juego es su adicción por apelar directamente al instinto primario del cuidado o la conservación de la especie.

Los *juegos con búsqueda de nuevos soportes* son juegos de dispositivos portables. Los teléfonos móviles y las agendas electrónicas del momento empezaron a tener un parque considerable de juegos y todavía se siguen cultivando y extendiendo a otras plataformas. El polémico caso de *V-Girl* (iGamesView, 2012) fue el más significativo del momento. Combinaba el *nurturing* y el erotismo, pero ubicándolo en el extremo de la balanza. En Corea de Sur fue aceptado por la audiencia, pero en Europa no despertó interés por el conflicto que devenía del propio juego, ya que trataba las relaciones sociales y amorosas como si fueran pura mercancía. Además, era un juego demasiado explícito ante una audiencia bastante reacia en aceptar ideas muy alejadas del feminismo de la época.

Finalmente, los *juegos en red* es una categoría que posee un gran el auge debido a su interactuación. En esta última categoría de esta segunda tipología hay dos tipos fundamentales. Los juegos que constituyen el software de entretenimiento tradicional, aunque la red permite disfrutarlos de forma compartida, como el *Halo* (Lehto & Staten, 2001) y los juegos desarrollados exclusivamente para Internet como *La Prisión* (1990).

Al hilo de esta categoría cabe reseñar que al principio la *Gameboy* de *Nintendo* calmaba los apetitos de jugar, pero sus limitaciones técnicas ya no satisfacían los deseos del individuo. Por este motivo, surgieron nuevos formatos multifuncionales como la *PSP* (PlayStation Portable). De esta forma, el *homo ludens* pudo satisfacer sus deseos desde cualquier lugar: viajando en el metro, esperando a su pareja en el lugar acordado, en el puesto de trabajo, y fue toda una revolución social, con sus ventajas e inconvenientes. Conviene reseñar que tuvo una fuerte acogida. *Sony*, la marca creadora, vendió, en un solo día, las 70.000 unidades que tenía destinadas en uno solo de los mercados europeos, en este caso el español. Pero lo más llamativo del suceso es que la *PSP* no sólo permitía jugar, también servía para ver fotografías, escuchar música o ver películas y nació con una treintena de títulos dirigidos a todo tipo de público. Así las cosas, mientras que la *Nintendo DS* -principal competidora- se dirigía a niños de entre 4 y 10 años, *Sony* pretendió que la *PSP* tratara de superar a su principal contrincante en número de clientes, introduciendo el factor edad, porque sus juegos estaban destinados a edades incluso cercanas a los cincuenta años. Todo esto supuso que este tipo de plataformas fueran un ejemplo en el que mirarse. Y así fue.

Además, este artilugio puso las miras en la red, ya que hizo que la consola pudiera conectarse a internet en zonas *wifi*, lo que supuso que el hardware fuera una puerta de acceso para la compra de productos, descarga de archivos y videoconferencias, algo que *Nintendo* tuvo que emular para seguirle la estela.

Sea como fuere, todo lo anteriormente expuesto no fue sino el vaticinio de una nueva revolución digital. De una nueva forma de entenderse, de amarse, de odiarse. Y donde se reflejaban nuevamente todas las emociones. Que, en definitiva, es lo que hace que el género humano evolucione. Para bien o para mal.

Así pues, por lo que se ha venido mostrando con anterioridad, el espacio físico ha sido el principal medio por el cual se ha venido realizando la interactuación entre los jugadores para recrear sus historias. Pero conforme se han ido digitalizando las generaciones se ha optado por consumir *historias gamificadas* (Jenkins, 2006) en las que converjan lo físico con lo puramente digital. Con este tipo de convergencia, donde se mezcla lo material con lo imaginario, el prosumer no solo juega de manera consciente y finita, sino que aprovecha la infinitud del juego de la vida para ir incorporando otras realidades provenientes de un mundo fuera de lo estrictamente tangible. En este mundo ilusorio, el jugador obtiene una sensación de bienestar que le arrastra y le hace olvidarse de su contexto directo. Porque el juego de por sí ya genera inmersión. Y es que el individuo se introduce en la historia de tal forma que su entorno solo es ese en el momento en el que juega. Y da lugar a un estado de flujo, el *flow*. En este estado mental no existe espacio ni tiempo para el *gamer* porque toda su atención está enfocada en el tablero en el que esté jugando.

En los juegos infinitos el ambiente laboral sería uno de los juegos en los que este concepto se vería con mayor claridad. Un individuo puede pasar horas delante de una pantalla elaborando un trabajo y olvidarse del lugar en el que se halla y el tiempo que está invirtiendo en esa tarea. Suele darse en actividades que precisan de gran concentración. Una atención que le llega a producir tal bienestar que puede desatender otras tareas que lo requieran.

En los juegos finitos, a los jugadores que se ponen delante de una videoconsola, o que están disputando una partida en un tablero les sucede lo mismo. No hay espacio ni tiempo. O sí lo hay, pero es el del propio juego. Y surge en el jugador ese "estado mental que supone un sentimiento de gozo y satisfacción vinculado totalmente a la actividad que se está realizando". (Csikszentmihalyi & Larsson, 2014, pág. 26).

En ese proceso de introducción máxima en el juego, se ha ido uniendo la *gamificación* con el metaverso y ha dado lugar a una comunicación inmersiva más intensa. De la noción de este mundo paralelo, donde se pierde la noción del tiempo, deviene del trabajo del entrelazamiento cuántico con la realidad de un premio Nobel de física en 2022 (Clauser, 2021). En este trabajo se explicaba la conexión entre partículas lejanas y la posibilidad de residir en un universo desconocido; esto significa que la materia no tiene atributos propios, sino que depende del observador y su noción espacio temporal. La situación del metaverso es similar. La perspectiva del observador influye en la realidad, por lo que es fundamental que el sujeto participe al consumir contenidos inmersivos, potenciando, aún más, la actividad del juego al que esté jugando y aumentando su *flow*. (Lavilla & Sanchez Franco, 2024).

Existen ocho componentes (Teixes, 2014) que aumentan el flujo en los procesos gamificados. Y estos son: que sea una tarea realizable, que se disponga de concentración, que tenga unos objetivos claros, que pueda haber *feedback*, que haya una involucración sin esfuerzo, que exista un control sobre las acciones, que desaparezca la consciencia de uno mismo y que surja una pérdida del sentido temporal. En los juegos de metaverso se cumplen estas ocho características, máxime cuando hay bastante tecnología de por medio, ya que el mundo de la pantalla potencia la actividad del flujo. Y esto va unido también a la cantidad de dopamina que un jugador genera en el momento del juego en la multiplataforma, como se ha visto con anterioridad.

PlayStation es una de las compañías pioneras al crear *PlayStation Home*, un metaverso pequeño en el que los usuarios podían interactuar en un mundo virtual con otros usuarios de PlayStation, intercambiar objetos, jugar a *minijuegos* (Cerezo & Pujolà, 2024) y comprar ropa para su avatar. El proyecto tenía como objetivo fomentar en los usuarios algo más social que lo lúdico. Aquí surge el concepto de *gamificación* (Lavilla & Sanchez Franco, 2024), que se asocia con el metaverso como uno de los componentes esenciales de su expansión.

El hecho de recibir recompensas por la participación a través del juego es la base de la gamificación en la sociedad grabada, porque las compañías lo utilizan como ventaja competitiva para que estas actividades generen contenidos inmersivos, con el fin de aumentar la participación y fomentar la difusión (Schaufeli, 2013). Y, así, de esta forma, perderse en un universo grabado y ampliado digitalmente.

La idea fundamental de la inmersión, un proceso que viene de décadas tratando de perfeccionarse, es tratar de sumergir al prosumidor en una historia ficcionada a través de gafas de realidad virtual u otros métodos que traten de potenciar los sentidos para hacer de lo intangible algo más cercano y material. El cine, por ejemplo, se ha erigido como un medio de transmisión de la comunicación inmersiva, tanto el cine clásico como el más moderno, basado en el 3D o incluso el 4D, para difundir historias e ideas a partir del ocio y del entretenimiento interactivo. Pero la inmersión no solo se brinda en el ámbito visual dentro del cine, sino también en el sonoro. El sistema ATMOS es otro hito en el desarrollo de la comunicación inmersiva, según Wright (2015). La idea de agregar canales de audio es la base de este sistema para dar la impresión de movimiento en la sala.

Otro ejemplo de inmersión, que también es importante destacar, es la aplicación de la *realidad aumentada* a los dispositivos móviles. La mayoría de las definiciones de *realidad aumentada* describen una relación entre el mundo digital y la realidad, como si se tratara de una conexión entre múltiples realidades y generó uno de los grandes acontecimientos dentro del mundo del videojuego. Fue la creación del *Pokémon GO* (2016). La idea de "autoexplotación", que el filósofo coreano Byung-Chul Han propuso, ha tenido en este juego uno de sus mejores ejemplos. Porque los usuarios de este tipo de comunidades en red acaban por autoexplotarse para lograr las metas que ellos mismos establecen (Han, 2017, pág. 64).

Con este movimiento de autoexplotación y gamificación, el prosumer se ha convertido en protagonista directo de los entornos inmersivos. Y la realidad aumentada, por efecto arrastre a otro tipo de entornos digitales y audiovisuales, también ha ido ganando presencia entre los contenidos habituales de los medios de comunicación como los informativos de televisión (Lavilla & Sanchez Franco, 2024). Además existe un avance real en los últimos años. "La RA está en expansión y se aplica en ámbitos diversos como la educación, medicina, negocios, industria del videojuego, y también el mundo televisivo" (Caldera Serrano, 2014).

Enfatizando esta tendencia, es evidente que los contenidos políticos han utilizado con mayor frecuencia la realidad aumentada para comunicar los detalles de una noticia en televisión, pero el éxito de su introducción a los medios periodísticos corrió a cargo de la información especializada en la meteorología. *The Weather Channel*, por citar un medio de los más significativos en este proceso, ya ha utilizado la realidad aumentada en su plató de televisión para dar visibilidad a los diversos acontecimientos meteorológicos. Y es que el mundo del *gaming* y de la inmersión ha tratado de sumergirse, con este tipo de contenidos, en cuestiones que afectan directamente al día a día de los usuarios para poder crear en ellos una necesidad de muy difícil separación. Hoy no se concibe que una persona que viva en sociedades digitalizadas se desplace de un lugar a otro sin conocer el estado del tiempo. Y desde ahí permanecer conectado a informaciones propias del lugar. Aunque tampoco se concibe que un *prosumer* que no esté informado de lo que acontezca a tan solo unos metros de su ubicación física. Y es que en la sociedad grabada ahora las personas consultan su teléfono incluso para saber si realmente llueve para no tener que acercarse al balcón.

CAPÍTULO 6

Inteligencia Artificial

¿Quién vigilará a los vigilantes?, dijo Juvenal (1982) entre los siglos I y II en una de sus *Sátiras*. Bien es cierto que el contexto al que hacía referencia el poeta romano es diferente al abordado en este trabajo, pero sí que puede ayudar a entender el problema de que exista algún ser, ente, máquina o persona, que se haga cargo de una actividad sin derecho a réplica.

En la sociedad de la transparencia, donde supuestamente todos pueden controlar a todos, existe una teórica horizontalidad. Pero con la llegada de la IA parece que ya no es así, en el aparente nuevo orden panóptico (Bentham, 2011) en el que el vigilante no solo se encarga de fiscalizar la cárcel, sino que puede adelantarse a los posibles movimientos y conductas de sus reos, gracias al algoritmo y a su capacidad de predecir. Y la observación y la toma de datos son las claves no solo para mantener el control sino para optimizarlo y alcanzar el sometimiento.

> El panóptico digital funciona sin ninguna óptica perspectivista. Esto constituye su eficacia. La iluminación no perspectivista es más eficaz que la vigilancia perspectiva vista, porque puede producirse desde todos los lados, desde todas las partes; es más, desde cada una de ellas. (Han, 2013, pág. 88)

Michel Foucault (2002), en su obra *Vigilar y castigar* dice que la panóptica puede aumentar el poder a los vigilantes y reducir a estos en número gracias a la "disciplina, que no puede identificarse ni con una institución ni con un aparato", porque la disciplina para Foucault es "un tipo de poder y una modalidad para ejercerlo" (Foucault, 2002, pág. 218). Se trata de un poder ejecutado de forma abstracta, sin apenas ser reconocido.

> "Cuando Foucault define el Panoptismo, lo hace definiéndolo como una máquina aplicada no solamente a una materia visible en general [...]. La fórmula abstracta del Panoptismo no es ver sin ser visto, sino imponer una conducta cualquiera a una multiplicidad humana cualquiera". (Deleuze, 2015, pág. 60)

En China el poder que tiene potencialmente el instrumento aparentemente no tiene límites conocidos. De momento, la IA es capaz de reconocer a los individuos físicamente perdidos entre la multitud, puede rastrear a personas que no son del propio territorio, consigue controlar el movimiento diplomático, logra generar registros genéticos y dispone, además, de un sinfín de funcionalidades que van más allá del derecho al honor y a la intimidad de la propia persona. Esta *jaula invisible* (Mozur, Xiao, & Liu, 2022) es un espacio de vigilancia dirigida a más de mil cuatrocientos millones de personas. Un escenario de grabación a un país que se ha convertido en el gran plató de un espectáculo diario que sobrepasa a la distopía del *Show de Truman* (Weir, 1998). Un lugar capaz de recabar más de dos mil cincuenta millones de imágenes con sus más de quinientos millones de cámaras gracias a una inteligencia que está dotada de casi infinitas posibilidades para ejercer el control. Un espacio en la nube donde la identidad también le pertenece a la máquina, porque el Gobierno ni siquiera es capaz de analizar toda la actividad que produce esta inteligencia sintética. Grabaciones de voz, huellas oculares, ADN, geoposicionamientos, productividad... todo lo que al vigilante le puede resultar de interés sobre la actividad de un individuo se puede grabar. Los datos están ahí, en un limbo informativo en el que la mente humana no puede llegar a analizar y donde la máquina en algún momento podrá tratar de reorganizarlos para buscar nuevas tendencias o dar cabida a otros escenarios para poder controlar de una forma más férrea e implacable.

El *Sistema de Crédito Social* chino (Avaro, 2024) es una *inteligencia artificial gamificada* y uno de los ejemplos más gráficos de que la vigilancia y la esclavitud en nuestro tiempo van de la mano. Une el poder de los datos, la lógica del algoritmo y el sometimiento y la dependencia de la *gamificación*, tal y como se ha visto en el capítulo anterior. Un cóctel explosivo que hace que la sociedad del rendimiento dé un paso más hacia la subordinación y la obediencia. Hacia la humillación. Tiene un enfoque paternalista que hace que el individuo se sienta protegido de sí mismo y también de los demás.

Porque, por una parte, impone un régimen de autodisciplina elaborado con el pretexto de hacer ver al ser humano que su rendimiento forma parte su evolución como persona y, además, contribuye a mejorar el sistema desde la visión del trabajo en equipo. "Yo sumo, los demás suman". Y si hay personas que restan pueden incluso ser señaladas de manera pública a través de la multiplantalla y de las acciones DOOH.

Se trata de un sistema de puntaje en el que un individuo está evaluado de forma constante a fin de conseguir logros y poder así obtener ciertos privilegios. La calificación del "crédito social" es un espejo colectivo y personal en el que se puede observar el comportamiento comercial y el desarrollo profesional y personal de cualquier ciudadano de forma online. El patrocinio de esta actividad viene de la mano de las grandes compañías chinas como *Alibaba*, *Baidu* o *Tencent*, por citar tres de gran calado, y suelen estar en línea a las demandas del Gobierno.

El proyecto a priori, más parecido a la distopía que trae la serie *Blackmirror* (Brooker, 2011) que a la propia realidad, premia a los ciudadanos que son "buenos" y castiga a los que son "malos". Y estos últimos pueden ser incluidos en una "lista negra", e incluso expuestos públicamente. Uno de los "castigos", por ejemplo, es la limitación de su capacidad de comprar billetes de avión y tren.

El sistema de crédito social chino se remonta al siglo pasado, entorno al 1980. Fue en el momento en el que el Gobierno intentó establecer un sistema de calificación crediticia bancaria y financiera para personas que vivían principalmente en las zonas rurales del país y también se gestó para pequeñas empresas sin registros legales. Pero el Gobierno chino cambió su enfoque. Y en 2009 comenzaron las primeras pruebas hasta que, en 2011, el primer ministro chino, Wen Jiabao, lo presentó como un "programa piloto nacional" para que en 2014 se pusiera en marcha con ocho empresas de calificación crediticia. Pero hicieron bien los deberes durante la pandemia, y en 2020 el proyecto se estableció de manera continua (Infobae, 2022).

Muchos medios han llegado a publicar que ciudadanos chinos son calificados por el Gobierno con un puntaje para poder desplazarse de un lado a otro del país. El tren bala, que hace nexo entre Shanghái y Beijing, ha sido grabado, por ejemplo, por diversos periodistas dando instrucciones claras para advertir a los usuarios de que si cumplen las normas todo irá bien, y no tendrá efectos negativos en su crédito social (Plasencia, 2019).

En definitiva, desde 2014, este sistema califica de "buenos" y "malos", llegando a exponer sus fotografías públicamente a fin de coaccionarles y tenerlos supeditados a los intereses de un país totalitario que fomenta la competitividad social para mantener a su gente al acecho. El entramado tecnológico corre a cargo de *Aliplay*, una compañía que une el móvil con el sistema financiero. Esta empresa, utilizada por casi toda la población, y que opera conjuntamente con la empresa de crédito personal *Cima*, ofrece un sistema gamificado y proporciona puntos para los ciudadanos responsables -en una escala en la que 350 es la puntuación más baja y 950 la más alta-. Los ciudadanos que obtienen buenas puntuaciones pueden tener accesos a recompensas, descuentos, créditos a bajo interés, alquileres ventajosos, mejores accesos a alquileres o adquisiciones de automóviles y bicicletas. Incluso se pueden llegar a conseguir, de forma más accesible, citas para el médico. Además, si la conducta no es "buena", pueden prohibir al ciudadano subir al tren o al avión o solo ofrecerles asientos de clase baja en trenes lentos. Del mismo modo, al individuo que no tenga una buena conducta también le pueden prohibir contratar habitaciones de hoteles de relevancia, o comprar productos de calidad, o incluso hasta les pueden llegar a impedir salir del país. Además, viajar sin billete o fumar en lugares inapropiados puede restarle puntos. Ciertamente en algunos países de Europa, y en algunas naciones de Hispanoamérica, ya están usando esta *gamificación* con el carné de conducir, aunque todavía no se ha llegado a conectar con otras actividades de la vida cotidiana. Lo que sí parece claro es que este sistema, que ya es obligatorio en toda China desde 2020, ha tratado de ofrecer un cierto clima de seguridad y confianza al prosumidor chino, que ha delegado en el Gobierno el control de su libertad a cambio de quitarles el miedo (RNE, 2023).

Todo este ejemplo de entramado no sería posible sin los grandes avances que se vienen produciendo en la IA desde la primera década de este mismo siglo porque, gracias a ellos, ahora se puede grabar al instante al ciudadano para poder someterle, si cabe, aún más.

Porque el miedo ha sido el principal factor para que se haya ido perfeccionando el conocimiento de los prosumidores. Ciertamente el ejemplo chino es muy drástico, pero ni en Europa ni en estados Unidos, la situación tampoco dista mucho de la realidad que vive oriente. *Google*, por ejemplo, cada vez tiene más datos de sus usuarios, y la llegada del *Chat GPT* también se ha unido a la causa para saber de los usuarios más que ellos mismos, gracias a la propaganda (Pizarroso Quintero, 1999) personalizada *one to one* (Hung, 2005) que se vierte en este tipo de herramientas. La polémica no solo es que ya esté servida, sino que, conforme las propias máquinas van conociendo los gustos que a priori tienen las personas, más posibilidad hay de reconducirlos hacia el antojo del algoritmo que dicte la máquina a la que se haya vendido el usuario a cambio de inmediatez y velocidad.

El algoritmo no es de ahora y su función es predecir. Pero si a quien se le atribuye el mérito de la creación del álgebra, Al-Juarismi, allá por el año ochocientos, volviera a la vida quizá se echaría las manos a la cabeza por todo lo que este concepto ha dado de sí. Y es que todo este conjunto de operaciones matemáticas que se utilizan en teoría para resolver problemas ahora los está generando. Siempre se ha dejado patente en todo este trabajo que la tecnología y los avances científicos no son malos por naturaleza, pero el uso que se haga de los mismos puede corromperla. Porque igual que con los algoritmos se puede predecir un suceso para poder solventarlo, también tiene la capacidad de poder generarlo.

Ya se ha dejado patente que los datos son la base de todo lo bueno, pero también de todo lo peor. El mundo de la red está lleno de una infinidad numérica a la que es imposible atender. El ser humano al menos no puede. Está limitado simplemente por su condición física y, por tanto, ha ido delegando en la máquina no solo la capacidad de almacenarlos, sino también la posibilidad de crear más. La avidez de la máquina en este sentido no conoce límites y si bien siempre se ha dicho que el humano es el que contrala al software en algunos casos éste ya le vigila a él. Fundamentalmente porque tiene la capacidad de aprender de los errores y la posibilidad de automejorarse, como las *máquinas de Turing* (Bolter, 1984). Probablemente, hasta la fecha, no se conocen máquinas creadas con capacidad autopoietica (Maturana & Valera, 2004), pero en términos de autoorganización ya se conocen programas que se supervisan ellos mismos, detectan sus errores y hasta, en muchos casos, sin la supervisión de un observador.

Tal es el caso del *machine learning* (Alpaydin, 2021) (Zhou, 2021), una propia disciplina dentro del ámbito de estudio de la IA, que ofrece a la máquina la capacidad de autoaprender, tal y como lo hacen los humanos. Y generan y ejecutan predicciones a partir de los algoritmos que ellas mismas han creado previamente, o bien se sirven de otros que provienen de otras máquinas o de los que han sido creados con anterioridad por personas.

Gracias a este proceso, estas propias máquinas pueden predecir escenarios futuros y tomar determinaciones de forma autómata sin la supervisión humana. El uso de este tipo de IA es bastante versátil, aunque el más común suele ser el destinado al análisis del comportamiento del consumidor, sobre todo en acciones de *remarketing* (Vikas, Sethi, & Paul, 2019). También se suele usar en vehículos autónomos, para simplificar ciertas acciones al conductor como aparcar. En genética se utiliza para detectar irregularidades y para adelantarse a posibles enfermedades. En el ámbito de la programación se emplea para la detección de *malware* y para el reconocimiento de voz o de imagen, algo ya muy habitual en los teléfonos móviles. En el mundo de la comunicación se usa para generar contenidos, como lo hace *Chat GPT*, y también para proponer, orientar o guiar el consumo del contenido que se vierte en redes sociales como *YouTube*, *Spotify*, *HBO*, *Netflix* y todo tipo de plataformas multimedia.

No obstante, y esto puede ser lo más llamativo, este tipo de máquinas son utilizadas para la detección de las *fake news* que se comparten por los medios digitales. Uno de los proyectos más llamativos es el que, a partir de la gestación de un tipo de máquina, se identificaban noticias falsas.

> "Para la implementación de esta solución se decidió tener en cuenta atributos alternos a procesar directamente el texto de la noticia que pudieran determinar la veracidad de esta, tales como el porcentaje de mayúsculas en el título o el número de signos de interrogación. Como resultado de lo descrito, se obtuvo un chatbot implementado en Amazon Lex integrado a Facebook Messenger que recibe el título y el texto de la noticia, seguidamente estos parámetros son procesados por el modelo de aprendizaje automático y finalmente se le responde al usuario si la noticia es verdadera o falsa y con qué probabilidad". (Quintero Perozo & Ortega Riveros, 2020)

Es decir, que estas máquinas pueden llegar a afirmar qué es falso y qué no lo es. Qué es noticia y qué es a su juicio pura invención. En otras palabras, la IA tiene las herramientas precisas para censurar contenido elaborado por la mano del hombre o por la propia máquina. De esta forma, el control, la vigilancia, también estaría delegándose a la voluntad de un cerebro electrónico que se erigiría como juez y que puede tener la potestad de decir qué es verdad y qué no lo es. Además, esta tarea la podría realizar en cuestión de milisegundos. Toda una tentación para muchos Gobiernos a los que hoy todavía seguimos llamando libres.

Actualmente existen una gran variedad de herramientas que utilizan la inteligencia artificial para poder desarrollar potencialmente mejor su actividad y así liberar de trabajo al humano para que este, en teoría, pueda atender a otros quehaceres más próximos a la conciliación familiar y social, que al trabajo. Aún no existe una catalogación estandariza y tampoco una tipología convencional que defina los diferentes usos que tienen las diferentes herramientas. Pero con la ayuda de diferentes inteligencias artificiales como *Chat GPT*, *Microsoft Copilot* y *Gemini* se ha procedido a realizar una tipología que deviene de la propia inteligencia artificial catalogándose a sí misma. De tal forma que, un compendio de la información, que proviene de estas tres fuentes, quedaría de la siguiente forma:

Categoría	Subcategoría	Descripción	Actividad	Ejemplos
IA Verticalizadas	IA en Salud	IA para aplicaciones médicas y de atención sanitaria.	– Diagnóstico asistido	– **Ada Health** (diagnóstico)
			– Desarrollo de medicamentos	– **Babylon Health** (telemedicina)
			– Telemedicina y chatbots médicos	– **23andMe** (genómica personal)
			– Análisis de genómica	
	IA en Finanzas (FinTech)	IA en la industria financiera para optimizar procesos y decisiones.	– Trading algorítmico	– **Robinhood** (trading)
			– Análisis de riesgo y crédito	– **Credit Karma** (análisis de crédito)
			– Detección de fraudes	– **PayPal** (detección de fraudes)
			– Asistentes financieros	
	IA en Retail y Comercio Electrónico	IA que mejora la experiencia de compra y gestión operativa.	– Recomendadores de productos	– **Amazon** (recomendaciones)
			– Gestión de inventarios y logística	– **Shopify** (gestión de inventario)
				– **Zendesk** (chatbots)
			– Marketing personalizado	
			– Chatbots de att. al cliente	

(Continuada)

CAPÍTULO 6

Categoría	Subcategoría	Descripción	Actividad	Ejemplos
	IA en Manufactura	IA para optimizar procesos de producción y mantenimiento.	– Mantenimiento predictivo	– **Siemens MindSphere** (mantenimiento predictivo)
			– Robótica industrial	– **Fanuc** (robótica industrial)
			– Optimización de la cadena de suministro	– **SAP** (optimización de la cadena de suministro)
			– Control de calidad	
	IA en Agricultura (AgTech)	IA aplicada en la optimización de procesos agrícolas.	– Drones y visión artificial	– **John Deere** (agricultura de precisión)
			– Agricultura de precisión	– **Blue River Technology** (drones agrícolas)
			– Gestión de ganado	– **Ceres Imaging** (predicción de cosechas)
			– Predicción de cosechas	
	IA en Automoción (Automotive AI)	IA que impulsa la innovación en la industria automotriz.	– Vehículos autónomos	– **Tesla Autopilot** (vehículos autónomos)
			– Asistentes de conducción	– **Waymo** (conducción autónoma)
			– Optimización del tráfico	– **Waze** (optimización del tráfico)
			– Mantenimiento de vehículos	
	IA en el Sector Legal (LegalTech)	IA que transforma la práctica del derecho y la gestión legal.	– Análisis de documentos legales	– **Kira Systems** (análisis de documentos)
			– Asistentes legales virtuales	– **ROSS Intelligence** (asistente legal virtual)
			– Predicción de resultados legales	– **DocuSign** (gestión de contratos)
			– Gestión automatizada de contratos	

Categoría	Subcategoría	Descripción	Actividad	Ejemplos
	IA en Recursos Humanos (HRTech)	IA para mejorar la gestión del talento y el proceso de contratación.	- Reclutamiento automatizado	- **HireVue** (reclutamiento)
			- Análisis de empleados	- **Glint** (análisis de empleados)
			- Planificación de la fuerza laboral	- **BambooHR** (onboarding)
			- Onboarding virtual	
	IA en el Sector Energético	IA en la generación, distribución y optimización del uso de energía.	- Gestión inteligente de la red eléctrica	- **Nest Learning Thermostat** (optimización del consumo)
			- Optimización del consumo energético	- **GE Grid Solutions** (gestión de la red eléctrica)
			- Mantenimiento predictivo en plantas de energía	- **Siemens Energy** (mantenimiento predictivo)
			- Energías renovables	
	IA en la Seguridad (SecurityTech)	IA enfocada en mejorar la ciberseguridad y la seguridad física.	- Detección de amenazas cibernéticas	- **CrowdStrike** (detección de amenazas)
			- Reconocimiento facial	- **Clearview AI** (reconocimiento facial)
			- Análisis de video para seguridad física	- **Ring** (seguridad física)
			- Protección de datos	

(Continuada)

Categoría	Subcategoría	Descripción	Actividad	Ejemplos
IA Horizontalizada	IA Generalista	Sistemas capaces de realizar una amplia variedad de tareas cognitivas similares a las humanas.	– Procesamiento del lenguaje natural (NLP)	– **ChatGPT** (procesamiento del lenguaje natural)
			– Aprendizaje automático general	– **Gemini**, de Google
			– Razonamiento y toma de decisiones	– **Siri** (asistente virtual)
			– Percepción y visión por computadora	– **Microsoft Copilot** (herramienta de productividad)

Ilustración 7: Tipología de la IA.
Fuente: Chat GPT, Microsoft Copilot y Gemini y elaboración propia.

En cuanto a categorías hay dos: las *inteligencias artificiales horizontalizadas* y las *inteligencias artificiales verticalizadas*. Las primeras no serían especialistas en un solo tema, mientras que en las segundas sí que lo serían en un ámbito de conocimiento concreto.

Empezando por las *inteligencias artificiales verticalizadas*, se podrían encontrar varias subcategorías, y estas serían: las de *salud*, las de *finanzas*, las de *retail y comercio electrónico* (*Fin Tech*), *las de manufactura, las agrícolas* (*Ag Tech*), las de *automoción* (*Automotive AI*), las que pertenecen al *sector legal* (*Legal Tech*), las de *Recursos Humanos*, las provenientes del *sector energético* y, por último, las de *seguridad* (*Security Tech*).

Las *IA de salud* serían aplicaciones expertas en medicina y en atención sanitaria. Basarían su actividad en desarrollar medicamentos y generar un diagnóstico asistido con el objetivo de ayudar a la toma de decisiones de los profesionales médicos. También serían las encargadas de proporcionar *chat bots* a pacientes y a médicos para mejorar el ámbito de la telemedicina y, por último, además, se enfocarían en la genómica. Algunos ejemplos podrían ser *Ada Health*, experta en diagnóstico; *Babylon Health*, especializada en telemedicina y *23andMe* en genómica.

La *IA de finanzas*, *Fin Tech*, serían las que abordarían trabajos del ámbito financiero para ayudar a la toma de decisiones en este tipo de industria. Su actividad se basaría en establecer un conjunto de reglas predefinidas y cálculos matemáticos para determinar cuándo y cómo realizar diferentes operaciones, analizar el riesgo y el crédito o detectar posibles fraudes.

En lo que respecta al *retail y comercio electrónico*, este tipo de IA se encaminaría a mejorar la experiencia de compra y la gestión operativa. Por lo tanto, recomendaría productos, gestionaría los inventarios y la logística, ayudaría al marketing personalizado (*one to one*) y usaría chat bots de atención al cliente.

La IA de *manufactura* serviría para optimizar los procesos de producción y mantenimiento gracias a realizar actividades de robótica industrial. Podría mejorar la cadena de suministro, el control de calidad y la predicción de compra. Algunos ejemplos serían *Amazon* en cuanto a las recomendaciones, *Shoptify* en lo referido a la gestión de inventario y *Zendesk* en lo que concierne a las aplicaciones de *chat bots*.

La IA de *agricultura* (*Ag Tech*) sería otro de los campos verticalizados. Este tipo de inteligencia artificial se aplicaría en la optimización de procesos agrícolas con el uso de drones y visión artificial, con la gestión de ganado y con la predicción de cosechas. Algunos ejemplos serían: *John Deere*, para la agricultura de precisión; *Blue River Technology*, para el control de la actividad de drones agrícolas, y *Ceres Imaging* para la predicción de cosechas.

En el sector de la *automoción* (*Automotive AI*) también tendría cabida la inteligencia artificial impulsando la innovación de la propia industria. Y llevándola a cabo en los vehículos autónomos, en los asistentes de conducción, en la optimización del tráfico y en el mantenimiento propio de los vehículos. *Tesla Autopilot* -para vehículos autónomo-, *Waymo* -para conducción autónoma- y *Waze* -para la optimización del tráfico y la conducción guiada- serían algunos de los ejemplos más significativos.

En el *sector legal*, *Legal Tech*, también se usaría la inteligencia artificial para transformar la práctica del derecho y gestionar toda la documentación legal. En este sentido, y gracias a este tipo de IA, se podrían analizar documentos legales, se podrían predecir los resultados de la normativa y de la legislación, existiría una gestión más automatizada de los contratos y se abriría paso a consulta con los asistentes legales virtuales. *Kira Systems*, que se usa para analizar documentos, *ROSS Intelligence*, que sirve como asistente virtual y *Docu Sign*, para gestionar contratos, serían algunas de sus herramientas de más uso.

La IA *de Recursos Humanos, HR Tech*, podría mejorar la gestión del talento y del proceso de contratación con el reclutamiento automatizado con el análisis de los empleados, con la planificación de la fuerza laboral y con el denominado *onboarding* virtual. *HureVue, Glint, Bam booHR*, se usarían para el reclutamiento el análisis de empleados y el *onboarding* (Cesário & Chambe, 2019) respectivamente.

En el sector *energético*, la IA se enfocaría en la generación, distribución y optimización del uso de la energía. Su actividad se centraría en la gestión del cliente de la red eléctrica, en la optimización del consumo energético, en el mantenimiento predictivo en las plantas de energía y en el desarrollo de las energías renovables. Las herramientas más usuales son *Nest Learning Thermostat* -optimización de consumo-, *GE Grid Solutions* -gestión de la red eléctrica- y *Siemens Energy* -mantenimiento predictivo-.

Por último, en cuanto a la subcategoría verticalizada se refiere, se encontraría la IA de *seguridad*. Estaría enfocada en la mejora de la ciberseguridad y la seguridad física; y en detectar las amenazas cibernéticas, ya que reconoce fácilmente al usuario, analiza el formato vídeo para asegurar la identidad física y protege los datos de los usuarios y de las empresas. *CrowdStrike*, sería una muestra de las herramientas que pueden detectar las amenazas; *Clear view AI*, sería uno de los ejemplos que reconocen e identifican a la persona gracias a sus rasgos faciales y *Ring* sería la experta en seguridad física.

En la categoría *generalista* u *horizontalizada* se especializaría en temas genéricos y estaría compuesta de sistemas capaces de realizar una amplia variedad de tareas cognitivas simulando a las que realizan los propios seres humanos. Entre sus actividades destacan el proceso de lenguaje natural, el aprendizaje automático general, el razonamiento y la toma de decisiones y la percepción y visión por la computadora. *Chat GTP, Gemini* o *Microsoft Copilot* serían tres de los ejemplos de más uso entre los prosumidores

Una mención especial habría que hacer a la IA que se encarga de facilitar el trabajo al profesional de la comunicación, pero las propias inteligencias generalistas consultadas no han establecido esa opción como parte de la tipología. Pero, aun así, se estima conveniente comentar algunas de sus herramientas y al uso que ofrecen por el calado que tienen a la hora de abordar el mundo de la información. Eso sí, extraña que la propia IA, que se encarga de realizar y optimizar los recursos disponibles en la comunicación del hombre con el hombre y el hombre con la máquina, no haya contemplado esta opción y se haya decantado por el silencio, por la evitación o por la consideración de la poca relevancia que tiene esta categoría en su uso cotidiano.

INTELIGENCIA ARTIFICIAL

Actualmente existen varias herramientas en línea que utilizan inteligencia artificial para parafrasear textos de manera inteligente como *QuillBot* o *Paraphrase Online*, que usan técnicas avanzadas de procesamiento de lenguaje natural para reescribir oraciones y párrafos manteniendo el significado original.

Asimismo, existen herramientas para editar vídeos con inteligencia artificial, como *Runway ML*, una plataforma que permite integrar modelos de IA en la edición del vídeo y puede utilizarse para aplicar efectos especiales o mejorar la calidad de la imagen. *DALL-E*, de *OpenAI*, es un modelo de inteligencia que puede generar imágenes para crear contenido visual único que luego se puede incorporar en proyectos de video. *Vidnami*, es otra herramienta de tecnología audiovisual que traslada el texto a voz y usa el procesamiento del lenguaje natural para automatizar la creación de vídeos a para guiones escritos.

También se puede editar fotos con Inteligencia AI. Algunas herramientas avanzadas para mejorar y editar imágenes de manera más eficiente podrían ser algunas de estas: *Adobe Photoshop* con *Adobe Sensei*, *Luminar*, *PortraitPro*, y *Prisma*, que usa redes neuronales para transformar las fotos en obras basadas en creadores reconocidos por el mundo del arte.

Como ejemplo curioso se pueden destacar diferentes herramientas de IA para hacer información. De tal modo, que se puede llegar a generar noticias y elaborar contenido líquido de manera automática. Algunos ejemplos serían los siguientes: *Quill by Narrative Science*, que usa la IA para analizar datos y convertirlos en narrativas comprensibles y, de igual modo, puede emplearse para crear informes y resúmenes automáticos; *Heliograf*, desarrollado por *The Washington Post*, que usa la IA para generar historias también basadas en datos, como informes deportivos o electorales y ayuda a agilizar la producción de información automática y *Wordsmith* de *Automated Insights*, *News360* o *Jungle AI*, que tienen usos muy parecidos a los ofrecidos por las anteriores herramientas.

Del mismo modo, al hilo de realizar contenido e información, con el valor añadido de luego poder viralizarla en algunos de los casos, existen herramientas para hacer *podcast*, como *OZer.ai*; generar contenido sonoro, como *Copy.ai*; mejorar la calidad del audio, como *iZotope*; hacer edición, como *Alitu*; optimizar el posicionamiento SEO para los *podcasts*, como *Ahrefs*; analizar la audiencia, como *Podchaser*; realizar recomendaciones personalizadas, como *Spotify*; creación de música y efectos de sonido, como *Amper Music*.

CAPÍTULO 6

Pero toda esta inteligencia artificial puede servir para ayudar al profesional de la información, así como al que genera contenido de calidad en las redes sociales, ya que en muchos casos puede facilitarle su trabajo y que así disponga de más tiempo libre para recrearse en las tareas personales, conciliar o realizar actividades creativas para desarrollarse humanísticamente y ofrecer más valor añadido a su trabajo pero, como ya se ha desarrollado anteriormente, la tecnología no es buena o mala por sí misma, sino que depende del uso que se haga de ella puede ser o bien nociva o bien virtuosa para la actividad que se despeñe. En este último caso concreto, que va estrechamente entrelazado con una labor social, la de informar verazmente a un público que requiere de contenido líquido para poder formarse y mejorar su entorno personal y profesional, requiere de una responsabilidad mayor. Porque todas estas herramientas pueden usarse para generar contenido basura de forma masiva, lo que aumentaría exponencialmente la desinformación. Generando más brecha entre la verdad y la mentira, y dirigiendo al usuario hacia una vida falaz y sin moral. La propia del *mundo fake*.

Parte Tercera. Lo Falaz

Riesgo fake

La era *fake* comienza por el *like* en la sociedad grabada. La sobreexposición a la que está sometido un usuario de la red es máxima y, aunque el algoritmo se empeñe en esconder el material audiovisual que haya realizado la máquina o el propio individuo, la evidencia permanece. Y el usuario queda expuesto eternamente a un doble juicio: el que le realizan los demás y el que se hace hacia sí mismo. Por lo tanto, su rendimiento va a jugar un papel crucial a la hora de percibirse. Cuanto más "me gusta", más se gusta; y cuanto menos aprecio obtiene del público, menos estima tiene hacia sí mismo.

La esclavitud del algoritmo, que proviene de la IA, hace que el sujeto esté condicionado a la hora de generar contenido. Se somete a la herramienta para no quedar perdido en la pura entropía a la que está expuesta la red social grabada, y es capaz de publicar cualquier cosa. Desde una foto de sus pies en *Instagram* o en *OnlyFans* -depende de las intenciones que tenga en ese momento- hasta un *selfi* en la vía de un tren a punto de pasar. Cualquier cosa vale para un usuario que mide su rendimiento a partir del impacto que tengan sus publicaciones, incluso la mentira.

Pero antes de comenzar por la falacia de los prosumidores conviene referirse a los que deberían dar más ejemplo a la población para que no devenga el efecto imitación. Y esto pasa por el mundo de la política, el de empresa o el de los medios de comunicación.

Dejando a un lado a los dos primeros, el que resulta más preocupante es el que atañe al mundo del periodismo, que debería tratar de dar ejemplo y estar atento a todo lo que realmente ocurra en la sociedad. Y denunciar y exponer la realidad de forma tal que no haya duda sobre el principio de veracidad al que está sujeto el ejercicio de la profesión.

Uno de los problemas con los que se encuentra el usuario a la hora de informarse es saber si lo que se dice es cierto o no. Algo que en otro tiempo resultaba creíble ahora cada vez está puesto más en duda por el afán de monetizar cualquier información a tiempo real. En este sentido, el *clickbait* (García Orosa, Gallur Santorun, & López García, 2017), por ejemplo, es uno de los mayores enemigos de los usuarios y de los propios medios, aunque se empeñen en disfrazarlo. La técnica es tan siniestra como sencilla. Se crean titulares llamativos para luego, una vez que el *prosumer* se introduce dentro de la página que ofrece la información, el contenido que se expone finalmente no sea el que se ha hecho mención, o bien se habla de algo totalmente diferente o, incluso, que la información no exista directamente y el link creado no lleve a ninguna parte. El objetivo principal es despertar curiosidad en el usuario y que tenga que atenderla clicando el titular. Así, de este modo, el medio que hace la trampa puede monetizar a un lector ávido en tratar de leer aquello que luego no existe o que no cumple con los principios de contrastación de la información.

"El clickbait es un fenómeno comunicativo dinámico que recurre a contenidos pseudoinformativos elaborados mediante estrategias de economía de la atención que se aproximan al sensacionalismo y al infoentretenimiento. Sus mensajes se diseñan como gancho, con fines más propios del marketing, a través de recursos tales como titulares llamativos, apelación directa al lector y contenidos superficiales o exagerados. Entre los elementos caracterizadores del fenómeno destaca el titular como principal señuelo dado que es un criterio de selección informativa determinante, más si cabe en el contexto digital donde el lector se ve desbordado por una "enorme cantidad de nuevas noticias que no tienen el tiempo ni la energía para procesar". (Bazaco, Redondo, & Sánchez-García, 2019, págs. 98-99)

Esta práctica se asemeja al *sensacionalismo* y al *amarillismo* en prensa (Almuiña Fernandez, Martin de la Guardia, & Pelaz Lopez, 2016), desarrollado desde el siglo diecinueve.

"Un sensacionalismo -exageración para llamar la atención- y un amarillismo -mentiras o, aún peor, medias verdades- que no van dirigidos a la razón -no a convencer- sino a remover sentimientos, a azuzar filias o fobias con fines mercantiles y/o de otro tipo. En épocas de crisis como la actual, algunos medios en situación difícil pueden sentir la tentación -equivocada de recurrir a estrategias espurias para tratar de sobrevivir". (Almuiña Fernandez, Martin de la Guardia, & Pelaz Lopez, 2016)

El *clickbait* promueve eso. Se trata de una mala praxis periodística que deviene del sensacionalismo y el amarillismo a fin de satisfacer el instinto humano de la curiosidad con cebos basados en informaciones que no son contrastadas y, por definición, falsas para poder subsistir en el mercado digital. Para conseguir este objetivo exagera sobre sucesos que tengan que ver con personas influyentes -políticos, periodistas, cantantes, artistas, deportistas; publica temas fraudulentos relacionados con el ámbito de la salud; trata de alterar el estado emocional del usuario de la red con hechos que pueden ser perturbadores o se anticipa a sucesos que podrían ocurrir. Para obtener éxito en su bulo, utiliza imágenes o vídeos realizados que no son reales y están generados incluso con inteligencia artificial, atrae al lector con preguntas a cuestiones muy cercanas al usuario y que suelen ser tendencia en redes sociales, emplea listículos -listas- para agilizar la lectura, usa verbos en acción para ofrecer más inmediatez, y despertar más curiosidad, y se nutre de expresiones muy coloquiales, inquietantes y cercanas, tales como "te sorprenderá", "no es lo que parece", "increíble suceso", "magnífica respuesta" o "va a ser su declive", por ejemplo, a fin de que crear inquietud, ansia, intriga, sorpresa o expectación, escondido y amparado todo por una novedad basada en la mentira, en la falacia o en la paparrucha.

Sí, "estúpidas paparruchas" -del inglés *humbug*-, decía Ebenezer Scrooge, el personaje de Charles Dickens en *Cuento de Navidad* para tratar de convencer que aquello para él era una farsa, una patraña, un bulo, o sea. Y de todo esto del engaño bañado en *clickbait*, de la mala praxis periodística, devienen las *fake news*, que están amparadas por un mundo necesitado de información instantánea y sin contrastar. Porque "si no hay noticia, me la invento", suelen decir a modo sarcástico algunos redactores jefes en las redacciones de periódicos en los que trabajan. Y es que todo está enfocado hacia el usuario, y en ofrecerle lo que quiere ver, lo que le gusta leer o lo que le apetece escuchar. O todo a la misma vez. El régimen de información es eso, tener contento al usuario para tratar de obtener de él todo tipo de datos que, a priori, pueden ser útiles pero que, a la larga, si todos ellos están aderezados con mentiras o medias verdades, la construcción que se genera a partir del relato puede desparramarse tal y como lo hace un castillo de naipes sobre la mesa de un tahúr.

"Llamamos "régimen de la información" a la forma de dominio en la que la información y su procesamiento mediante algoritmos e inteligencia artificial determinan de modo decisivo los procesos sociales, económicos y políticos. A diferencia del régimen de la disciplina, no se explotan cuerpos y energías, sino información y datos". (Han, 2022, pág. 9)

El *clickbait* es uno de los instrumentos, no el único, pero sí el cebo. Es la forma que tiene el medio de pescar datos del prosumidor de manera casi instantánea, sin apenas esfuerzo. La caña es la herramienta, la tecnología, la manera que tiene el medio de llamar la atención. El cebo es la noticia. El pescado eres tú.

¿Pero qué hacen después con el pez? La respuesta es tan sencilla como salvaje. Lo desescaman, extraen de él toda la información para poder sacar más peces del mar y, finalmente, lo venden. Y lo exponen en el mercado para luego ser devorado por un mundo tiránico, camuflado y bañado en tinta de falsa de progresía y en aparente afán de superación. Porque "el régimen de la información está acoplado al capitalismo de la información, que hoy deviene en un capitalismo de la vigilancia y que degrada a las personas a la condición de datos y ganado consumidor" (Han, 2022, pág. 9)

Se trata de un nuevo capitalismo dominado por el adoctrinamiento sutil que deviene de la máquina y su algoritmo. Una máquina que asila al consumidor y lo deja a merced. Expuesto públicamente. Al tiempo que se piensa que es un ser indómito y creativo. Y, lo que es peor, mientras se siente libre y autorrealizado.

> El capitalismo de la información, que se basa en la comunicación y la creación de redes, hace que técnicas de disciplina o como el aislamiento espacial, la estricta reglamentación del trabajo o el adiestramiento físico queden obsoletas. La "docilidad", que también significa sumisión u obediencia, no es el ideal del régimen de la información. El sujeto del régimen de la información no es dócil ni obediente. Más bien se quede libre, auténtico y creativo. Se produce y se realiza a sí mismo. (Han, 2022, pág. 10)

Pero realmente está atrapado por la pantalla. No ve más allá. Genera y graba sucesos sintéticos que piensa que ha asistido y tan solo ha estado de paso. Comunica lo que cree ver detrás de un escudo que le protege. Y se limita a permanecer el tiempo que tarda en grabar aquello que contenta al algoritmo para conseguir *likes*. Porque "la paradoja de la sociedad de la información es que las personas están atrapadas en la información. Ellas mismas se colocan los grilletes al comunicar y producir información. La prisión digital es transparente" (Han, 2022, pág. 15). Y, ahí, en esa cárcel se mimetiza como lo hace un pez duende, convirtiéndose en cristal.

La fragilidad del prosumer y su transparencia proviene de los datos que él mismo ha decidido regalar a cambio de poder seguir emergiéndose en el mar del contenido y, al mismo tiempo que va regalando información, se va convirtiendo en una presa más fácil para el sistema; dejándole a merced de un entorno que ya no está controlado por él.

> Con esa transparencia que lo caracteriza El Big Data y la inteligencia artificial son como una lupa digital que descubre el inconsciente oculto de la gente tras el espacio consciente de la acción. Por analogía con el inconsciente óptico, podemos llamarlo inconsciente digital. El Big Data y la inteligencia artificial ponen al régimen de la información en condiciones de influir en nuestro comportamiento por debajo del umbral de la conciencia. (Han, 2022, pág. 23)

Así que la jaula transparente, la pecera en la que vive ahora el *pez de cristal*, depende de un nuevo gobierno amparado, de forma oculta y velada, por la saturación de información. Es eso que Han (2022, pág. 25) denomina como *infocracia*: "El tsunami de información desata fuerzas destructivas. Entretanto, se ha apoderado también de la esfera política y está provocando distorsiones y trasfondos masivos en el proceso democrático. La democracia está degenerando en infocracia". Y esa democracia falaz va instalándose en la sociedad de forma inexorable y, al ritmo que la muchedumbre va generando publicaciones, se va instalando entre la población una sensación de falsa salvación por la autoafirmación generada por el propio contenido basura que el prosumer va grabado en los muros de esa ciudad de cristal de la que distópicamente hablaba Ray Loriga (2017).

No obstante, al mismo tiempo que publica contenido, la falsa salvación le va generando incertidumbre y miedo a perder su identidad virtual. Y es que, como el miedo es inherente al hombre, y es uno de los ingredientes básicos para que cualquier sociedad dirigida tenga éxito y divulgación, las publicaciones que va encontrando en el *clickbait* se ciernen a la pérdida de lo que él mismo ha ido generando, de su creación. Y por eso surge el miedo a lo que está por venir, a tener que morir, a perder la salud o, incluso, al pasado que se ha perdido mientras grababa.

> En las sociedades modernas el miedo es un tema que incumbe a todos. El miedo no conoce barreras sociales: ante la pantalla de su ordenador, el negociador de alta frecuencia cae en estados de miedo tanto como repartidor de paquetes cuando regresa al almacén de recogida; la anestesia al recoger a sus hijos de la guardería como al

modelo al mirarse al espejo. Los miedos son también innumerables en cuanto a sus motivos: miedos escolares, vértigo, miedo al empobrecimiento, cardiopatía, miedo a un atentado terrorista, miedo a descender, miedo a comprometerse, miedo a la inflación. Por último, se pueden desarrollar miedos en cada uno de los vectores del tiempo: se puede tener miedo al futuro, porque hasta ahora todo había funcionado bien; se puede tener miedo ahora, en estos momentos, del paso siguiente, porque la decisión a favor de una posibilidad representa siempre una decisión en contra de otra posibilidad; incluso se puede tener miedo del pasado, porque podría salir a la luz algo que de uno que parecía olvidado ya hacía mucho tiempo. (Bude, 2017, pág. 13)

Decía José Luis Sampedro (La Sexta, 2013) que el miedo es una de las motivaciones más poderosas que tiene el hombre y que es mucho más fuerte que el altruismo o que el amor; y que se ve expuesto de forma diaria en los medios para crear una subordinación. Porque un hombre es súbdito por culpa del miedo. Un miedo promovido únicamente por quien tiene la capacidad de poder crearlo, que no es sino otro que el propio ser humano. Porque el propio individuo es el que crea los miedos y los medios donde difundirlos. Y lo hace al mismo tiempo; porque si no hay grabación, el mensaje no se reproduce de manera eficaz entre la población.

Ahora se graba cualquier cosa, bien como recompensa social o económica, pero se graba. Y lo perjudicial del asunto no solo reside en el riesgo que deviene del material grabado, sino también por el peligro implícito que tiene el hecho de grabar. Y de ambas cosas se nutre la grabación: de lo que se graba y del hecho mismo de grabar. Y de ahí provienen los vídeos que más persuaden en la red: los *selfis* y los *POV*.

Las *grabaciones selfi* hacen que el usuario que observe el contenido viendo en todo momento al usuario que graba. Sus acciones, sus gestos, su lenguaje no verbal. Creando en el observador una conexión emocional amplia y profunda con el sujeto observado. En tanto que los videos grabados con *POV* (*Point Of View*) el usuario que graba expone al observador la perspectiva del punto de vista que va manteniendo en cada momento en el contexto en el que se encuentra, lo que genera una narrativa envolvente e inmersiva porque el que visualiza el vídeo hace que sienta en primera persona todo lo que le está aconteciendo al observado.

Todos estos conceptos audiovisuales no son nuevos. Hitchcock, por ejemplo, se sirvió de esta técnica audiovisual en obras como *La trama* (Hitchcock, 1976), *Vértigo* (Hitchcock, 1958), *Psicosis* (Hitchcock, 1960) o *La ventana indiscreta* (Hitchcock, 1954) para dar al espectador la sensación de que el ecosistema del observado pasaba a ser también propio del observador. Películas algo más cercanas al boom de las redes sociales como *El proyecto de la bruja de Blair* (Myrick, 1999), *Quarantine* (Dowdle, 2008) -primera y segunda parte- o la saga *REC* (Balagueró & Plaza, 2007), desde el género catalogado como *terror*, procuran una sensación altamente empática con el espectador, lo que les hace sentir, casi en primera persona, el relato al que se están exponiendo. Además, el prosumidor, al manejar de forma habitual y constante ese punto de vista, por el continuo uso que hace a las cámaras de grabación, se siente muy familiarizado con todo aquello que está visualizando porque, además, de una u otra forma, ya lo haya vivido antes. Y si no lo ha hecho de la misma forma, quizá sí en parte.

Algunas marcas ya observan cómo este efecto tiene más impacto emocional sobre el consumidor que los propios *spots* (Meier, 2010) que realizan de forma más elaborada no solo para difundirlos en televisión sino para visionarlos en las redes sociales. Y son conocedores de que la teoría expuesta por Toffler en la *Tercera Ola* (1980), en la que el cliente podría gozar de mayor implicación con la marca a medida en que ese vínculo sea más directo y permanente, y tener así una conexión emocional más estrecha con el producto o servicio, ya se está realizando y es el aquí y el ahora de su propio trabajo.

Pero a veces no hace falta que las marcas tengan que esmerarse demasiado porque, gracias a la relación que se establece entre usuario y producto, o usuario y servicio, o ambas cosas a la vez, el trabajo ya les viene hecho. Aunque también es probable que, por culpa de esa tarea que ya realizan previamente sus usuarios, su propia reputación pueda verse en riesgo.

El caso de la grabación con la cámara *GoPro*, que se suelen llevar en el casco los deportistas o, simplemente, las personas que realizan cualquier actividad exterior, como caminar o montar en moto, es uno de los más significativos en lo que se refiere a *Point Of View*. Con estas cámaras se han podido grabar desde gestas legendarias hasta grandes desgracias. Obviamente esto no sucede de forma cotidiana, pero, cuando ocurre el suceso, y el hecho se vuelve viral sus consecuencias pueden ser tan desastrosas como nefastas.

Uno de los casos de gran calado entre la audiencia de las redes sociales fue el de un joven motero que iba a gran velocidad por una carretera secundaria y un vehículo acabó con su vida al saltarse una señal de stop. La crudeza de las imágenes obtenidas de esa grabación fue espeluznante, pero aun así la madre de la víctima decidió exponerla al público para que todos pudieran aprender de la fatídica muerte de su hijo. No obstante, lejos de haber aprendido la lección, decenas de personas se siguen grabando mientras conducen a gran velocidad. Y el "efecto llamada" hacia lo fatal cada vez se va exponenciando.

Las guerras también son un escenario potencial para realizar este tipo de grabaciones y se ha podido constatar en los grandes conflictos de la actualidad. Son imágenes impactantes que no dejan a frío a nadie. Y que luego son viralizadas y expuestas al gran público, sin impunidad, incluso por los propios medios. Y esto realmente puede resultar muy impactante, porque justamente son ellos quienes deberían hacerse garantes del cuidado de ese tipo de información y no exponerla al gran público sin haberla seleccionado previamente. Además, hay que tener en cuenta que este tipo de contenido es susceptible de causar grabes daños emocionales a las personas que lo visionan y, por supuesto, también con ellos se pone en riesgo el derecho al honor de las propias víctimas y las de sus familiares.

En este tipo de grabaciones POV, que no tienen por qué realizarse con cámaras *GoPro*, también se pueden generar con el propio móvil. Y gracias a esta versatilidad y al simple, sencillo y rápido gesto de sacar el teléfono móvil del bolsillo, se han podido visionar asesinatos en pleno directo (*streaming*), despedidas íntimas de seres queridos hasta tal punto de llegar a grabarles su último suspiro, muertes de mascotas y un sinfín de contenido explícito que, lejos de aportar nada a la vida en comunidad, propagan al gran público, queriendo o sin querer, que la intimidad carece de valor y que aquella persona que se la reserva puede ser susceptible de ser observado como un bicho raro para la sociedad.

Pero tampoco hace falta llegar a estos extremos para poder cuestionar el hecho de grabar en primera persona y hacer pública la vida personal. Algunas marcas, conocedoras de la sobreexposición realizan marketing de guerrilla (a muy bajo coste) utilizando a sus propios usuarios como escaparate y testigo directo de su propia mofa monetizada. Por ejemplo, uno de los establecimientos de alimentación más conocidos de España se ha beneficiado de la grabación *POV*. En las horas en las que los diferentes establecimientos tienen menos clientes se ha promovido entre los usuarios la posibilidad de encontrar pareja. Y, de esta forma, los prosumidores acuden a comprar para buscar su media naranja. El "efecto llamada" fue brutal. Y cientos de miles de prosumidores, bien por morbo, bien por necesidad, visitaron a diario esos centros comerciales con el objetivo de fisgar o ligar. Pero esta acción no quedó aquí, y otras marcas de la competencia, al observar el éxito que obtuvo esa acción de comunicación, se dedicó a generar otras parecidas, incluso ofreciendo valor añadido al mismo hecho de flirtear.

Todo cuenta, todo vale. Hasta apelar a los instintos más primarios de los seres humanos para obtener un beneficio. Pero, lo peor de todo esto no es el hecho en sí de establecer la acción con fin comercial, que también, lo peor de todo deviene del beneplácito que tiene la sociedad grabada con hechos que, lejos de proteger a la comunidad, actúan como impulsores de actividades que poco o nada tienen que ver con preservar los derechos del consumidor y ayudarles a salvaguardar su intimidad.

Y como todo esto se normaliza, ya están aconteciendo hechos que despojan al humano de su propia esencia. De su bien más preciado, lo cotidiano. Por ejemplo, una de las acciones que alcanzó bastante viralidad fue la que tuvo un adolescente a la hora de intentar agradar a una persona para que fuera su pareja. Y, para ello, se dedicó a grabar tantas veces como tenía conversaciones con ella hasta llegar a poder conseguir su atención. El fin era luego poder mostrar su insistencia a la que, a posteriori, fuera su pareja; y deleitarse luego juntos con la grabación. Con lo que no contaron es que esta acción fue tan viral que muchos medios se hicieron eco de la noticia. Y, aún peor, no tuvieron en cuenta que esta acción podría ser el desencadenante de otras parecidas o incluso peores, como ha sido el caso de jóvenes que, con este tipo de vídeos, les ha sobrevenido la desafortunada idea de molestar y coaccionar a la otra persona grabando incluso acosos sexuales explícitos.

También es tendencia, dentro de esta atrocidad social, la de pedir matrimonio, teléfono en mano, para ser conocedores de forma directa, en *POV*, de la reacción de la persona a la que está pidiendo amor incondicional y eterno, con lo que sobreexponen a juicio público no solo la reacción personal de su posible compañero de vida, sino que a partir de ese momento su relación, en caso de que haya accedido la otra persona, queda sometida al veredicto diario de los usuarios de la red.

Pero no solo el formato *POV* hace que la persona que observa el vídeo tenga una sensación de gran proximidad. Con el formato *sefli* -enfocándose a sí mismo desde el teléfono o desde el ordenador- también se obtiene un efecto emocional directo sobre el interlocutor. Los *youtubers, streamers, instagramers, twitcheros, tiktokers*, es decir, los influenciadores, usan este tipo de recurso con sus cámaras para llegar de forma más directa y personal con el público que le está viendo, e incluso valorando y comentando, el contenido líquido que realiza.

Sirve cualquier lugar para poder ganarse a la audiencia. Desde una habitación, pasando por un despacho, hasta llegar incluso a grabarse en el aseo. La estancia, y su grado de atrezo, va a depender del público objetivo al que vaya dirigido el mensaje. Hay grandes influencers que se han comprado una casa para poder realizar mejor las grabaciones desde cualquier parte de ella. Algunos tienen gimnasio, cocina industrial o una sala de juegos dentro de su propio hogar, con cámaras de gran calidad apuntando a cada una de las estancias a fin de poder emitir 24/7 y alcanzar ese efecto de concurso *Big Brother* para hacer saber a su cliente que su vida le pertenece a tiempo real.

El formato de dirección de la cámara hacia él mismo ha dado lugar a múltiples y variopintas grabaciones en *youtubers*, desde entrenamientos y planes de adelgazamiento hasta llegar a suicidios. Todo es susceptible de ser grabado para contentar a una audiencia ávida de ser testigo de lo que le ocurre con la persona a la que siguen. Por ejemplo, se ha llegado a ver en directo cómo un influenciador optó por quitarse la vida a la vista de todos con la picadura de una serpiente, para dar a conocer que había fracasado en su relación sentimental. Este hecho puede hacer pensar que una persona que tenga una gran influencia sobre su forma de actuar también podría generar ese efecto imitación en sus seguidores. Más teniendo en cuenta que, la mayoría de ellos, son jóvenes aún sin madurar y pueden creer que aquello que hace la persona que más admiran puede ser lícito y moral.

Pero a veces la propia audiencia se revela del contenido que le ofrecen y, todos juntos, pueden hacer mucho daño emocional a la persona a la que siguen. Porque la tensión a la que está sometida una persona observada por millones de usuarios puede dar lugar a depresiones y a estados de gran ansiedad justamente por miedo a saber si aquello que está emitiendo es del gusto de la mayoría. Y eso se sabe muy pronto gracias a la cantidad de reproducciones, comentarios, suscripciones o *likes* que regalan los prosumidores a cambio de contenido. Algún *youtuber* ha tenido que dejar de realizar *streaming* durante un tiempo simplemente por un simple corte de pelo y, otros, han tenido que cambiar de casa porque algunos de sus *followers* les han estado acosando durante largos periodos de tiempo. Y es que el usuario, por razones técnicas, o bien por cuestiones meramente personales, incluso puede llegar a saber por dónde se mueve la persona a la que siguen. Y lo pueden llegar a hacer casi literalmente. Sin escrúpulos.

Porque el espionaje está a la orden del día gracias a las herramientas de las que dispone el internauta. Y sucede que en algunos casos el control sobre la grabación traspasa límites que nunca en otro tiempo se podían haber producido de forma tan contundente. Por qué: ¿cuántas cámaras hay en una casa?, ¿y en la calle? ¿Con esas cámaras se puede llegar a controlar a la persona que emite y a su vez a la que recibe el mensaje?

Los padres, por ejemplo, gracias al uso de diferentes softwares con IA pueden controlar mejor a sus hijos y saber el tiempo que están conectados e, incluso, a ser conocedores de qué están grabando o publicando a tiempo real en sus redes sociales. Pero, quizá en algunos casos, alguien desde fuera pueda ver justificado ese control, poniéndose en el lugar de los padres y de los miedos que le puedan surgir con el uso de este tipo de herramientas. No obstante, si se piensa un poco mejor, ¿quién le ha expuesto a la sociedad grabada a ese niño que graba sin apenas estar formado para saber lo que está haciendo? Cientos de excusas se pueden llegar a ofrecer sobre este tema, pero una óptima educación podría suponer la salvación del propio individuo.

El respeto a los niños y a los jóvenes se está perdiendo, y en este momento las nuevas generaciones están creciendo más cerca de las cámaras que de los libros, y de los videojuegos que de los juguetes. Porque el juguete ahora es un hardware o un software que incluso puede usarse como elemento de control. Y con la excusa de ofrecer un entorno seguro al niño o al joven, paradójicamente las casas se están llenando de artefactos que no solo vigilan la actividad de los más pequeños de la casa, con el riesgo que esto conlleva, sino que, de paso, esas mismas herramientas, potencialmente pueden utilizarse para poder controlar a la pareja. O al propio progenitor.

Al hilo del juego, de la gamificación y la inteligencia artificial, temas tratados explícitamente en un capítulo anterior, están surgiendo nuevas formas de interacción entre los prosumidores y los espacios de grabación. Por ejemplo, un usuario que se graba puede verse con diferentes aspectos. Semblantes que distan mucho de ser el suyo. Lo hacen a través de filtros. Y estos filtros pueden dar lugar a contemplarse a través del espejo tecnológico con diferentes caras. Con ellos puede verse el que graba con el posible aspecto que pudiera tener dentro de veinte años o, por el contrario, el que tuvo en el pasado. Siendo los dos incorrectos, pero a su vez válidos en ese momento para el individuo. Porque si invoca al futuro aún no sabe con seguridad qué le deparará y, si evoca el pasado, él mismo va a poder corroborar que antaño no era tal y como la máquina le dice que fue. Pero el quid de este asunto es mantener al prosumidor lejos del momento presente, que es cuando se muestra constructivo. Pleno. Repleto de realidad. Además, estos mismos filtros alteran tanto la realidad que una persona conectada podría ser capaz de llegar a ver cómo se abraza con alguien que ya no está en su entorno, bien porque ha fallecido, bien porque el otro individuo haya decidido no estar físicamente junto a él.

A todas estas acciones se las denomina *Deep Fake* (Westerlund, 2019). Son falacias. Fango. Burdas alteraciones de la imagen y del sonido generadas por la propia IA. Uno de sus grandes retos es el de llegar a suplantar a cualquier persona y arrebatarla de su propia identidad. Y justamente de ese despojo de lo auténtico, de lo que le distingue y le define a la persona, va a ser una de las graves amenazas a las que las que va a estar expuesto el individuo, llegando incluso a hacerle pensar que lo que ha vivido hasta ahora en primera persona ha dejado de existir, al menos tal y como parecía ser. Porque la vida se encuentra ahora detrás de una pantalla para poder estar al tanto de las nuevas tendencias y de los convencionalismos de la red. Se trata de un lugar quimérico, ampliado, y lleno de falsos recuerdos, donde intentar reafirmar lo que algún día podría llegar a ser. Un territorio virtual y distópico, donde el ego solo es capaz de aguantarlo la máquina, como en la película *Her* (Jonze & Phoenix, 2013).

Justamente por eso, quizá, ya haya salido a venta un nuevo producto: *Friend*. Un dispositivo dotado de inteligencia (artificial) que, como en *Her*, puede solucionar al prosumidor todo tipo de problemas sin tener que mover un solo dedo. Porque con *Friend*, por tan solo cien dólares, el ser humano podrá estar más protegido gracias a sus medidas de control. Y lo podrá utilizar, por ejemplo, para geoposicionarse con mayor precisión, aunque no necesite salir de casa. Para que pueda sentirse más querido, ofreciendo a cambio solo algunos datos más sobre su manera de ser. Para sentirse más eficaz y productivo, siempre que decida hacer caso a lo que le diga que tiene que hacer. Para que pueda vivir inmerso en una gran falacia *gamificada*, la que deviene del *like* y del *fake*. Y lo hará jugando solo. En *la sociedad grabada*.

Bibliografía

Abril, G. (1997). *Teoría general de la información*. Madrid: Cátedra.

Adell, J., & Bellver, C. (1995). La internet como teleraña: el World-Wide Web. Métodos de información. 2(3), 25-32.

Almuiña Fernandez, C., Martin de la Guardia, F., & Pelaz Lopez, J. (2016). *Sensacionalismo y amarillismo en la historia de la comunicación*. Madrid: Fragua.

Alpaydin, E. (2021). *Machine Learning, revised and updated edition*. Massachusetts: The Mit press.

Alva de la Serna, A. (2015). os nuevos rostros de la desigualdad en el siglo XXI: la brecha digital. *Revista mexicana de ciencias políticas y sociales, 60* (223), 265-285.

Asimov, I. (2009). *Yo, robot*. Barcelona: Editora y Distribuidora Hispano Americana, S.A.

Avaro, D. (2024). *El sistema de crédito social chino*. Buenos Aires: Biblos.

Ayala, T. (1 de Junio de 2024). ¿Por qué le llaman "fango" cuando quieren decir "fandango"? *La Vanguardia*. Obtenido de https://www.lavanguardia.com/participacion/debates/20240601/9686046/le-llaman-fango-quieren-decir-fandango.html

Balagueró, J., & Plaza, P. (Dirección). (2007). *REC* [Película].

Bauman, Z. (2022). *Modernidad líquida*. Madrid: Fondo de Cultura Económica.

Bautista Luzardo, D. (2015). Deep web: aproximaciones a la ciber irresponsabilidad. *Revista Latinoamericana de Bioética, 15* (1), 26-37.

Bazaco, Á., Redondo, M., & Sánchez-García, P. (2019). El clickbait, como estrategia del periodismo viral: concepto y metodología. *Revista Latina de Comunicación Social* (74), 95-175.

BCG & Worth Media Group. (2023). *Worth's Millennial Mindset Report: How Wealthy Millennials Earn, Invest, and Spend*. Nueva York: Boston Consulting Group.

Bentham, J. (2011). *Panóptico*. Madrid: Editorial Círculo de Bellas Artes.

Bernales, F., Cruz, E., & Cruz, R. (2022). Crowd storming as a Contributing Factor in Brand Image Development for Entrepreneurs. *Global Scientific Review, 6*, 1-16.

Bestor, D., & Hamp, E. (2010). Peer to patent: A cure for our ailing patent examination system. *Nw. J. Tech. & Intell. Prop., 9*, 16.

Białowąs, S., & Szyszka, A. (2019). Eye-tracking in marketing research. *Managing Economic Innovations–Methods and Instruments, 1* (69), 91-104.

Bolter, D. (1984). *Turings's man*. Raleigh: The University of North Carolina Press.

Bradbury, R. (2021). *Fahrenheit 451*. Debolsillo: Barcelona.

Brooker, C. (Dirección). (2011). *Black Mirror* [Película]. Reino Unido: Netflix.

Bude, H. (2017). *La sociedad del miedo*. Barcelona: Herder.

Caillois, R. (1997). *Los juegos y los hombres: La máscara y el vértigo*. México: Fondo de Cultura Económica.

Caldera Serrano, J. (2014). Realidad aumentada en televisión y propuesta de aplicación en los sistemas de gestión documental. *El Profesional de la Información, 23* (6), 643-650.

Carse, J. (2013). *Finite and infinite Games: a vision of life as play and possibility*. Los Ángeles: Free Press.

Cerezo, L., & Pujolà, J. (2024). Pedagogía Lúdica Digital (PLD): Videojuegos, minijuegos, realidades extendidas y robots. En J. Muñoz-Basols, M. Fuertes Gutiérrez, & L. Cerezo, *En La enseñanza del español mediada por tecnología* (págs. (pp. 311-339). Londres: Routledge.

Cerritos, J. (2017). *Al otro lado del mar*. México: Paso de Gato.

Cesário, F., & Chambe, M. (2019). On-boarding new employees: a three-component perspective of welcoming. *International Journal of Organizational Analysis, 27* (5), 1465-1479.

Clauser, J. (2021). Laboratory-Space and Configuration-Space Formulations of Quantum Mechanics, Versus Bell–Clauser–Horne–Shimony Local Realism, Versus Born's Ambiguity. En G. Jaeger, D. Simon, A. Sergienko, D. Greenberger, & A. Zeilinger, *Quantum Arrangements. Fundamental Theories of Physics* (págs. 35-91). Nueva York: Springer Link.

Cline, E. (2012). *Ready player one*. London: Arrow.

Collins, S. (2014). *Los juegos del hambre*. Barcelona: Molino.

Csikszentmihalyi, M., & Larsson, R. (2014). The Experience Sampling Method. En M. Csikszentmihalyi, *Flow and the Foundations of Positive Psychology The Collected Works of Mihaly Csikszentmihalyi* (págs. 21-34). New York: Springer.

Dans, E. (2007). La empresa y la web 2.0. *Harvard Deusto marketing & ventas, 80*, 36-43.

De Mol, J. (Dirección). (2000). *Big Brother* [Película].

Deleuze, G. (2015). *Foucault*. Madrid: Paidós.

Dinamic (Dirección). (2001). *Runaway* [Videojuego].

Dowdle, J. (Dirección). (2008). *Quarentine* [Videojuego].

Drucker, P. (2002). *La gerencia en la sociedad futura*. Barcelona: Norma.

EA Sports (Dirección). (1995). *FIFA* [Videojuego].

Eco, U. (2004). *Apocalípticos e integrados*. Barcelona: Debolsillo.

Eco, U. (2015). *Número Cero*. Barcelona: Lumen.

Eliade, M. (2011). *El mito del eterno retorno: arquetipos y repetición*. Madrid: Alianza.

Ferraris, M. (2008). *¿Dónde estás? Ontología del teléfono móvil*. Barcelona: Marbot Ediciones.

Foucault, M. (2002). *Vigilar y castigar*. Buenos Aires: Siglo XXI.

Fundación de Ayuda contra la Drogadicción (FAD). (4 de Agosto de 2001). *Tipología del videojuego*. Recuperado el 2024 de Agosto, de FAD Juventud: https://fad.es/

Furnham, A. (2000). The brainstorming myth. *Business strategy review, 11*(4), 21-28.

García Orosa, B., Gallur Santorun, S., & López García, X. (2017). El uso del clickbait en cibermedios de los 28 países de la Unión Europea. *Revista Latina de Comunicación Social, 12*(72), 1261-1277.

Gilbert, D. (2006). *Tropezar con la felicidad*. Barcelona: Destino.

Gomez Nieto, B. (2018). El influencer: herramienta clave en el contexto digital de la publicidad engañosa. *methaodos.revista de ciencias sociales*, 6 (1), 149-156.

Goodman, R. (Dirección). (1997). *Age of Empires* [Videojuego]. Microsoft Game Studios.

Graham Bell, A. (1876). *Estados Unidos Patente nº 174.465*.

Gómez Nieto, B. (2018). NIETO, Begoña Gómez. El influencer: herramienta clave en el contexto digital de la publicidad engañosa. *Methaodos. Revista de ciencias sociales*, 6(1), 149-156.

Gómez Pin, V. (2006). *Entre lobos y autómatas. La causa del hombre*. Madrid: Espasa Hoy.

Góngora, G., & Lavilla, D. (2020). a importancia de la construcción de marca en Instagram para las empresas periodísticas. En J. Figuereo Benítez, *Estudios multidisciplinarios en comunicación audiovisual, interactividad y marca en la red* (págs. 129-138). Sevilla: Egregius Ediciones.

Half Life (1998). [Videojuego].

Han, B-C. (2013). *La sociedad de la transparencia*. Barcelona: Herder.

Han, B-C. (2015). *El aroma del tiempo*. Barcelona: Herder.

Han, B-C. (2016). *La salvación de lo bello*. Barcelona: Herder.

Han, B-C. (2017). *La expulsión de lo distinto*. Barcelona: Herder.

Han, B-C. (2019). *La sociedad del cansancio*. Barcelona: Herder.

Han, B-C. (2022). *Infocracia. La digitalización y la crisis de la democracia*. Madrid: Taurus.

Handke, P. (2019). *El poema de la duración*. Barcelona: Lumen.

Hannes, L. (2023). Crowdsourcing in patent examination: overcoming patent examiners' local search bias. *R&D Management*, 53 (5), 731-928.

Hardin, R. (2003). Gaming trust. En E. Ostrom, & J. Walker, *Trust and reciprocity: Interdisciplinary lessons from experimental research* (págs. 80-101). New York: The Russell Sage Foundation.

Haugeland, J. (2001). *La inteligencia artificial*. México: Siglo XXI.

Hayes, G. (2017). *Lo inevitable. Entender las 12 fuerzas tecnológicas que configurarán nuestro futuro.* Zaragoza: TEELL. Todo Está en los Libros Editorial.

Hedayati, F. (2021). Designing rainbow, immersive and Inspiring classrooms: the learning space of the Z generation. *New Approach in Educational Sciences, 3* (1), 76-84.

Hess, D. (Dirección). (2000). *F-1 World Grand Prix* [Videojuego].

Hitchcock, A. (Dirección). (1954). *La ventana indiscreta* [Película].

Hitchcock, A. (Dirección). (1958). *Vértigo* [Película].

Hitchcock, A. (Dirección). (1960). *Psicosis* [Película].

Hitchcock, A. (Dirección). (1976). *La trama* [Película].

Horacio. (2016). *Odas.* Buenos Aires: Losada.

Houser, D. (Dirección). (2002). *Grand Theft Auto: Vice City. GTA* [Videojuego].

Huizinga, J. (2012). *Homo ludens.* Madrid: Alianza Editorial.

Hung, L. (2005). A personalized recommendation system based on product taxonomy for one-to-one marketing online. *Expert systems with applications, 29*(2), 383-392.

Huxley, A. (2008). *Un mundo feliz.* Mexico: Tomo.

iGamesView. (28 de 12 de 2012). *YouTube.* Recuperado el 2024 de Septiembre, de My Virtual Girlfriend - iPhone & iPad gameplay Video: https://www.youtube.com/watch?v=PjJhNd7BAG4

Infobae. (6 de 8 de 2022). *Infobae.* Recuperado el Agosto de 2024, de https://www.infobae.com/def/2022/08/06/video-vigilancia-extrema-en-china-en-que-consisten-los-polemicos-sistemas-de-control-ciudadana/

Ishii, S., & Harada, K. (Dirección). (1994). *Tekken* [Videojuego].

Jacob, F. (2005). *El juego de lo posible.* México: Fondo de Cultura Económica.

Jenkins, H. (2006). *Fans, Bloggers, and Gamers: Exploring Participatory Culture.* New York: New York University Press.

Jonze, S., & Phoenix, J. (Dirección). (2013). *Her* [Película].

Jordan, D., Samaniego, G., & Arias, C. (2017). La participación del prosumidor en la nueva era de la comunicación. *INNOVA Research Journal, 2*(11), 179-185.

Joy, K., Cheng, J., & Michael, B. (2014). CSCW '14: Proceedings of the 17th ACM conference on Computer supported cooperative work & social computing. *Ensemble: exploring complementary strengths of leaders and crowds in creative collaboration* (págs. 745-755). New York: Association for Computing Machinery.

Jurkowski, L. (2020). *Efecto Pantalla: Cómo lograr el equilibrio digital*. Buenos Aires: LEA.

Juvenal. (1982). *The Sixteen Satires*. Londres: Penguin Books.

Kant, I. (2014). *Qué es la Ilustración*. Buenos Aires: Prometeo.

King, S. (2003). *Apocalipsis*. Barcelona: Debolsillo.

Konami (Dirección). (1981). *Frogger* [Videojuego].

Kutaragi, K. (2000). *Japón Patente nº 7.369.677*.

La participación del Prosumidor en la nueva era de la comunicación. (2017). *INNOVA Research Journal.*, 179.

La Prisión (1990). [Videojuego]. Dinamic Multimedia.

La Sexta. (15 de Abril de 2013). *Youtube*. Recuperado el Mayo de 2013, de laSexta: https://www.youtube.com/watch?v=BeyKwoxtsSM

Lacan, J. (2022). *Tres escritos*. Madrid: Paradiso Gutenberg.

Lavilla, D., & Ayestaran, R. (2023). El DOOH marketing antes y después de la pandemia: resultados y ejemplos. En J. Sierra, & J. Medina, *Encrucijada del audiovisual en la era de lo virtual* (págs. 247-266). Madrid: McGraw Hill España.

Lavilla, D., & Sanchez Franco, V. (2024). La CNN como eje del periodismo inmersivo en la empresa informativa. European Public & Social Innovation Review, 9, 1-19. *European Public & Social Innovation Review*(9), 1-19.

Learning Company (Dirección). (1997). *Reader Rabbit Kindergarten* [Videojuego].

Lee, N., Broderick, A., & Chamberlain, L. (2007). What is 'neuromarketing'? A discussion and agenda for future research. *International Journal of Psychophysiology, 63*(2), 199-204.

Lehto, M., & Staten, J. (Dirección). (2001). *Halo* [Videojuego]. 343 Industries.

Leonhard, G. (3 de Julio de 2024). Obtenido de Futurista Gerd Leonhard: https://www.youtube.com/watch?v=9bzgMtHdOh8

Leonhard, G. (23 de Febrero de 2024). *YouTube*. Recuperado el Septiembre de 2024, de Gerd Leonhard, orador, futurista y humanista: https://www.youtube.com/watch?v=gcZ1w0J5PWc

Lewis, C. (2021). *Cartas del Diablo a s sobrino*. Madrid: Rialp.

Loriga, R. (2017). *Rendición*. Barcelona: Alfaguara.

Machado, A. (2006). *Campos de Castilla*. Madrid: Cátedra.

Maita, A. (Dirección). (1996). *Tamagotchi* [Videojuego].

Maturana, H., & Pörksen, B. (2004). *Del ser al nacer. Los orígenes de la biología del conocer*. Santiago de Chile: J C Sáez.

Maturana, H., & Valera, F. (2004). *De máquinas y seres vivos*. Buenos Aires: Lumen.

McGonigal, J. (2011). *Reality is broken: Why games make us better and how they can change the world*. Nueva York: Penguin Press.

McLuhan, M. (2007). *El medio es el masaje*. Barcelona: Paidos.

Meier, A. (2010). Cine y spot publicitario. El ojo que piensa. *Revista de cine iberoamericano* (1).

Miyamoto, S. (Dirección). (1985). *Super Mario* [Videojuego].

Mizuki, K. (Dirección). (2004). *Nintendogs* [Videojuego]. Nintendo.

Moore, A. (2024). *V de Vendetta*. Barcelona: ECC Ediciones.

Mora, F., & Schupnik, W. (2009). *Outsourcing & benchmarking*. Burgos: El Cid Editor.

Morse, S. (1840). *Estados Unidos Patente nº 1.647*.

Mozur, P., Xiao, M., & Liu, J. (4 de 7 de 2022). *The New York Times*. Recuperado el Agosto de 2024, de NYTimes: https://www.nytimes.com/es/2022/07/04/espanol/china-vigilancia.html

Murillo, F., & Duk, C. (2020). El Covid-19 y las brechas educativas. *Revista latinoamericana de educación inclusiva, 14*(1), 11-13.

Myrick, D. (Dirección). (1999). *El proyecto de la bruja de Blair* [Película].

Namco (Productor), & Iwatani, T. (Dirección). (1982). *Pole Position* [Videojuego].

Navarro-Güere, H. (2024). El vídeo de formato vertical en dispositivos móviles. Estudio de caso en TikTok, Instagram Reels y YouTube Shorts. *Revista de Comunicación, 23*(1), 377-393.

Nebrera, M. (20 de Mayo de 2021). *Generación cristal*. Obtenido de elnacional.cat: https://www.elnacional.cat/es/opinion/montserrat-nebrera-generacioncristal_611636_102.html

Nietzsche, F., & Vaihinger, H. (1996). *Sobre la verdad y la mentira*. Madrid: Tecnos.

Nintendo (Dirección). (1995). *Virtual Boy* [Videojuego].

Oliveira, L., Schneider, D., Moreira de Souza, J., & Rodrigues, S. (2015). 19th International Conference on Computer Supported Cooperative Work in Design (CSCWD). *Leveraging the crowd collaboration to monitor the waiting time of day-to-day services*. Calabria: IEEE.

Orwell, G. (2006). *1984*. Barcelona: Destino.

Pázhitnov, A., Pokhilko, V., & Gerásimov, V. (Dirección). (1984). *Tetris* [Videojuego].

Park, S., Lee, J., & Lee, M. (2013). Sustaining Web 2.0 services: A survival analysis of a live crowd-casting service. *Decision Support Systems, 45* (3), 1256-1268.

Parra-Bolaños, N. (2015). Impacto de las técnicas de neuroimagen en las ciencias sociales. *Revista chilena de neuropsicología, 10* (1), 31-37.

Peinado Miguel, F., Núñez Fernández, V., & Pérez Serrano, M. (2022). *La empresa informativa en la era digital*. Madrid: Udima.

Pizarroso Quintero, A. (1999). La historia de la propaganda: una aproximación metodológica. *Historia y comunicación social* (4), 145-172.

Plasencia, A. (7 de 4 de 2019). *El Español*. Recuperado el Agosto de 2024, de elespanol.com: https://www.elespanol.com/invertia/disruptores-innovadores/opinion/20190307/gamificacion-conducta-ciudadana-china/381331867_12.html

Platón. (2022). *La República o el Estado*. Madrid: Espasa Calpe.

Pokemon Go (2016). [Videojuego]. Niatic.

Polleta, F., Chen, P., Gardner, B., & Motes, A. (2011). The sociology of storytelling. *Annual review of sociology* (37), 109-130.

Quintero Perozo, D., & Ortega Riveros, J. (2020). *Detección automática de noticias falsas en español con técnicas de machine learning*. Bogotá: Universidad de los Andes.

Riesman, D. (1964). *La muchedumbre solitaria. Estudio sobre la transformación del carácter norteamericano*. Buenos Aires: Paidos.

Rise Above Research. (2023). *Pronóstico de captura de imágenes a nivel mundial para 2024: 2023 – 2028*. Rise Above Research. Boston: RAR.

RNE. (5 de 1 de 2023). *Puntos por ser buen ciudadano: el crédito social*. (RTVE) Recuperado el Agosto de 2024, de La cuadratura del círculo: https://www.rtve.es/play/audios/la-cuadratura-del-circulo/puntos-buen-ciudadano-credito-social-chino-buenos-malos-ciudadanos-premios-castigos-cuadratura-del-circulo-radio-nacional/6372832/

Rodari, G. (2004). *Cuentos por teléfono*. Barcelona: Editorial Juventud.

Romero, J. (Dirección). (1996). *Quake* [Videojuego].

Roth, V. (2022). *Divergente*. Barcelona: B de bolsillo.

Rowling, J. (Dirección). (2001). *Harry Potter video games* [Videojuego].

Russell, B. (1991). *La conquista de la felicidad*. Madrid: Espasa Calpe.

Sánchez Riofrío, A., & Palma Reyes, C. (2018). Crowdfunding: una revisión de la literatura. *Ecociencia, 5*(3), 1-18.

Sánchez, M. (22 de Mayo de 2024). Qué es la "máquina del fango", el término acuñado por Umberto Eco que usa Pedro Sánchez. *El Mundo*.

Sanchez Franco, V., & Lavilla, D. (2022). Periodismo inmersivo y su aplicación en el ámbito de la empresa informativa. *Visual Review* (9), 1-12.

Saravanakumar, M., & SuganthaLakshmi, T. (2012). Social media marketing. *Life science journal, 9*(4), 4444-4451.

Sartori, G. (1997). *Homo videns*. México: Punto de lectura.

Schaufeli, W. (2013). What is engagement? En M. Tims, & A. Bakker, *Employee engagement in theory and practice* (págs. 29-49). Routledge: Taylor & Francis Group.

Schopenhauer, A. (2005). *El arte de ser feliz*. Barcelona: Herder.

Scolari, C. (2013). *Narrativas transmedia*. Barcelona: Deusto.

Sinek, S. (13 de Diciembre de 2018). Obtenido de Team Fearless: https://www.youtube.com/watch?v=xNgQOHwsIbg

Sinek, S. (2019). *El juego infinito*. Madrid: Empresa Activa.

Sony Interactive Entertainment (Dirección). (2014). *Spiderman* [Videojuego].

Squaresoft (Dirección). (1987). *Final Fantasy* [Videojuego].

Stoyanovich, J., Jacob, M., & Gong, X. (2015). WebDB'15: Proceedings of the 18th International Workshop on Web and Databases. *Analyzing Crowd Rankings* (págs. 41-47). Melburne: WEBDB.

Sujeong, K., Aniket, B., & Dinesh, M. (2015). Published in: 2015 IEEE International Symposium on Multimedia (ISM). *Interactive crowd content generation and analysis using trajectory-level behavior learning*. Miami: IEEE.

Tajiri, S., & Sugimori, K. (Dirección). (1996). *Pokemon* [Videojuego]. Nintendo.

Talledo San Miguel, J. (2015). *Implantación de aplicaciones web en entornos internet, intranet y extranet*. Madrid: Paraninfo.

Teixes, F. (2014). *Gamificación: fundamentos y aplicaciones*. Barcelona: UOC.

Tejeiro Salguero, R. (2001). La adicción a los videojuegos. Una revisión. *Adicciones: Revista de socidrogalcohol, 13* (4), 407-413.

Tejeiro Salguero, R. (2001). La adicción a los videojuegos. Una revisión. *Adicciones: Revista de socidrogalcohol, 13* (4), 407-413.

Terencio. (2013). *Adelphoe*. Los Ángeles: HardPress Publishing.

Tertuliano. (2018). *Obras escogidas de Tertuliano: Apología contra gentiles. Exhortación a los Mártires. Virtud de la Paciencia. La oración cristiana. La respuesta a los Judios*. Barcelona: Editorial Clie.

Toffler, A. (1980). *La Tercera Ola*. Barcelona: Plaza y Janés.

Toyama, K. (Dirección). (1999). *Silent Hill* [Videojuego]. Konami.

Turkle, S. (1997). *La vida en la pantalla: La construcción de la identidad en la era de Internet*. Barcelona: Paidos.

Ubisoft (Dirección). (1986). *Chessmaster* [Videojuego].

Van der Weel, R., & Van der Meer, A. (2024). Handwriting but not typewriting leads to widespread brain connectivity: a high-density EEG study with implications for the classroom. *Frontiers in Psychology, 14*.

Vega Camacho, O. (2016). Neuromarketing y la ética en la investigación de mercados. *Ingeniería industrial. Actualidad y nuevas tendencias, 5* (16), 69-82.

Vikas, A., Sethi, D., & Paul, J. (2019). Does digital footprint act as a digital asset?–Enhancing brand experience through remarketing. *International Journal of Information Management, 49*, 142-156.

Virilio, P. (1999). *La bomba informática*. Madrid: Cátedra.

We Are Social y Meltwater. (2024). *Special Report Digital*. We Are Social.

Weir, P. (Dirección). (1998). *El Show de Truman* [Película].

Wensley, A. (Dirección). (2002). *Beach Life* [Videojuego].

Westerlund, M. (2019). The emergence of deepfake technology: A review. *Technology innovation management review, 9* (11), 40-53.

Whitman, W. (2007). *Hojas de hierba*. Madrid: Austral poesía.

Whitman, W. (2011). *Canto a mí mismo*. Madrid: Akal Editores.

Wilson, B. W. (2022). *Metrópolis*. Barcelona: Debate.

Wright, B. (2015). Atmos Now: Dolby Laboratories, Mixing Ideology and Hollywood Sound Production. En P. Théberge, K. Devine, & T. Everrett, *Living Stereo. Histories and Cultures of Multichannel Sound* (págs. 227-246). New York: Bloomsbury Publishing.

Wright, W. (Dirección). (1989). *Sim City* [Videojuego].

Yrjölä, M., Saarijärvi, H., Rintamäki, H., & Joensuu, J. (2017). Consumer-to-consumer e-commerce: outcomes and implications. *The International Review of Retail, Distribution and Consumer Research, 27*(3), 300-315.

Zhou, Z.-H. (2021). *Machine Learning*. Singapore: Springer.

Índice de ilustraciones

Ilustración 1: Generaciones desde 1900 hasta hoy.
Fuente: Laura Jurkowski (2020) y elaboración propia.   58

Ilustración 2: Formas de consumo cocreativo.
Fuente: Lo inevitable. G. Hayes (2017).   71

Ilustración 3: Redes Sociales más usadas en el mundo.
Fuente: We Are Social y Meltwater (2024).   75

Ilustración 4: Tipos de cuentas de redes sociales de más uso.
Fuente: We Are Social y Meltwater (2024).   76

Ilustración 5: Tipos de videojuegos.
Fuente: Elaboración propia a partir de un estudio de la FAD, Caja Madrid y del Ministerio de Trabajo y Asuntos Sociales del Gobierno de España (2024).   85

Ilustración 6: Otra clasificación de videojuegos.
Fuente: Elaboración propia a partir de un estudio de Tejeiro Salguero (2001).   93

Ilustración 7: Tipología de la IA.
Fuente: Chat GPT, Microsoft Copilot y Gemini y elaboración propia.   108

www.ingramcontent.com/pod-product-compliance
Ingram Content Group UK Ltd.
Pitfield, Milton Keynes, MK11 3LW, UK
UKHW041922210426
5322IPUK00002B/8